I 知人
 cons

胶囊式传记 记取一个天才的灵魂

VICTOR HUGO
BRADLEY STEPHENS

雨果 胶囊传

〔英〕布拉德利·斯蒂芬斯 著　王琳淳 译

上海文艺出版社

献给米林德（Milind）、贾延（Jayan）、黑兹尔（Hazel）、艾丽丝（Iris）、尼娜（Nina）、卢卡斯（Lucas）与埃利斯（Ellis），他们代表着雨果努力争取的未来，也是我写作时心中所念。

目录

关于文本和翻译的说明　　1

引言　　1

1 "我要么成为夏多布里昂,要么一事无成"
 (1802—1822)　　17

2 "我是一股动力!"
 (1823—1835)　　45

3 "我脆弱的帆船要驰往怒涛中去"
 (1836—1851)　　89

4 "我仿佛立足生命真正的绝巅"
 (1852—1870)　　123

5 "我是一名革命者"

(1870—1885) 189

6 "我即将合上双眼,然而……"

(1885 年后) 221

结语 239

缩写说明 245

精选参考文献 249

致谢 257

图片致谢 259

关于文本和翻译的说明

本文尽可能使用维克多·雨果作品已出版的英文翻译。所有其他翻译均由我自己完成,主要参考了奥伦多夫(Ollendorff)和阿尔班·米歇尔(Albin Michel)出版的雨果《作品全集》(*Œuvres complètes*)45卷本,由保罗·默里斯(Paul Meurice)、古斯塔夫·西蒙(Gustave Simon)和塞西尔·多布雷(Cécile Daubray)编辑(巴黎,1902—1952),因为这些卷本可在线免费查阅,供读者参考。[1]

有关本传记中使用的所有版本的完整详情以及参考文献中相关缩写的说明,请参阅文末的参考文献部分。

---

1 译本尽可能引用已出版的中文翻译,主要参考《雨果文集》(柳鸣九主编),所有其他原文均由作者的英译版本直接转译为中文。(译者注)

纳达尔（加斯帕尔-菲利克斯·图尔纳雄）〔Nadar (Gaspard-Félix Tournachon)〕1878年拍摄的雨果照片。这或许是雨果最具标志性的形象：法兰西共和国高瞻远瞩的资深政治家。

引言

维克多·雨果的一生宛如一部史诗小说。1802年出生,1885年辞世,他见证了一个世纪的抱负与焦灼,令本世纪的我们感同身受。在上个世纪美法大革命思潮浇灌出的沃土旁,雨果见证了新时代的机遇破上而出。

作为一名军人的孩子,不到10岁的雨果已亲历拿破仑战争的影响。在人生的前50年,他历经法兰西第一帝国、波旁王朝复辟、七月王朝与第二共和国。随着第二帝国的崛起,他被迫流亡近20年,直到1870年帝国崩溃才返回法国,目睹第三共和国成立,并见证一系列国家危机。这些令人头晕目眩的兴衰沉浮是一系列历史动荡的产物——1815年的滑铁卢战役;1830年的七月革命;1848年的革命起义;1851年的**政变**;1870—1871年的普法战争;以及1871年结束巴黎公社的"五月流血周"。

雨果相信,他的命运与仅比他大2岁的世纪紧密相连。在拿破仑的冒险与浪漫主义天才映衬下,这个世纪的曙光显得尤为瑰丽。在如此时代大背景下,这种广义上的命运观显得尤其令人信服。他的名字似乎也是两种截然不同的伟大结合体:他的拉丁名"维克多"意指胜利,也蕴含着地中海的古典风韵,他的姓"雨果"则代表着属于北欧撒克逊人之根与精神特征。他的名字似乎预示着非凡的命运,与他那一代人深信个人有能力塑造世界、铸造历史的观念不谋而合。他曾言:"思想即力量,一切力量皆为责任。[1]"

雨果对自己的文学天赋充满伟大的愿景。与任何向波拿巴(Bonaparte)或拜伦(Byron)看齐之人一样,他有着与生俱来的无畏,象征着法国共和党自由、平等与友爱的价值观。作为一名作家与政治家,他将法国视为现代文明的摇篮,这种观点在他拒绝学习英语的坚决态度中得以体现,即使在海岛流亡时期也是如此。他认为,自 1789 年法国大革命以来,法国已成为全球民主进步的典范。他既谴责其暴力,又赞扬其启蒙时代的社会理想。在启蒙运动中,人们渴求知识,向往个人与宗教自由,这些在他的著作和政治文献中体现得淋漓尽致。正因怀有这种普世平等的精神,他极力追求共同真理与集体利益,最终成为 19 世纪法国文学的巨人。

不可否认,他的事业成就是杰出的。1841 年,在雨果 39 岁生日前不久,他已经成为法兰西学术院的"不朽者"

---

[1] 《莎士比亚论》(*William Shakespeare*),Phil,ii,第 181 页。

(immortal)之一,并因其著作而享誉全球[1]。这位作家向世界文学贡献了最畅销的图书之一《悲惨世界》(*Les Misérables*)(1862),他还一而再地启发威尔第(Verdi)改编他的戏剧,此外,他的仰慕者们本身也令人敬畏,其中包括狄更斯(Dickens)、陀思妥耶夫斯基(Dostoyevsky)、丁尼生(Tennyson)和托尔斯泰(Tolstoy)等文学巨匠。他的作品既清醒又怪诞,细腻地过滤出他的所见所感。他的想象力突破腐朽的传统,让他透过现象看本质,与威廉·布莱克(William Blake)和诺瓦利斯(Novalis)等其他欧洲浪漫主义文学家的异象神秘主义有异曲同工之妙。他深陷的双眼透着诗人天生的犀利,不过他经常抱怨眼睛疲劳酸痛,可见拥有超凡的洞察力是要付出代价的[2]。

同时,他也是一位挑战专制统治、积极维护人权的社会仲裁者。他是顽强的人民公仆,曾当选为国民议会和参议院议员,致力于消除贫困,改善教育,促进国际合作,

---

[1] "不朽者"这个绰号来自学院官方印章上的座右铭"向不朽进发"(To Immortality)。
[2] 雨果的书信透露他自1820年代中期一次严重炎症起,开始担心自己双眼的健康,尤其是在压力过大时泪液分泌过盛导致1829年角膜溃疡时。他密集的工作习惯,包括长时间的深夜写作,对此无益,他对夕阳的钟爱同样如此。他在1834年6月15日给弗朗茨·李斯特(Franz Liszt)的信中提到:"我有时候担心自己会失明。"(*CRP* i,第542页)他的医生建议他在户外佩戴有色眼镜,并在公园等绿色环境中散步,以减轻眼睛压力;详情可参见让-马克·霍瓦斯,《维克多·雨果,流亡前1802—1851》(*Victor Hugo, avant l'exil 1802 -51*),巴黎,2001,第214—215页,第419—420页,第539页,以及他在皮埃尔·若热尔(Pierre Georgel)等人著的《维克多·雨果的眼睛》(*L'Œil de Victor Hugo*),巴黎,2004,第3—25页的论文《维克多·雨果的视觉》(La vue de Victor Hugo)。

坚决反对迫害。他的联系人名单中包括1860年代意大利复兴运动的英雄加里波第（Garibaldi）。直到雨果去世，他见证了三位法国国王和两位皇帝的倒台。在20世纪，他关注的诸多议题已经成为政治事实，例如更全面的社会福利，在法国废除死刑，以及欧洲国家联盟的建立。

然而，在传奇般的盛誉背后，雨果的成功来之不易。让·科克托（Jean Cocteau）曾讥笑诗人的自负，说："维克多·雨果是一个疯子，他自以为是维克多·雨果。[1]"但是，他却忽视了一个事实，那就是雨果从未将自己视作衡量其他作家的标准。他有时目空天下，有时又谨小慎微。虽然"维克多·雨果"这个名字象征着将不同特征与时空融为一体的大胆能力，他的现实却并不和谐。完整并不等同于有序。他曾玩味地说："统一引发分歧，这就是最高法则。[2]"这位巨人从未完全认同自己所渴望的伟大：对比与变化能轻易左右他的人生观。"感到自己脆弱又坚强，渺小又伟大……万物过而不留。[3]"他既勇敢无畏，又有自知之明，他既能接受成功，又能适应失败。

无论是1830年在法国戏剧界领导的反传统斗争的胜利，还是1851年反对路易-拿破仑政变的失败尝试，雨果

---

[1] 让·科克托，《间接批评尝试：世俗的奥秘》（*Essai de critique indirecte: le mystère laïc*），巴黎，1932，第28页。
[2] 《海上劳工》（*Les Travailleurs de la mer*），Rom vii，第326页。
[3] 《生活，说话……》（On vit, on parle...），《静观集》（*Contemplations*），IV, XI, Pse iii，第232页。

文学和政治生涯中的戏剧性事件与他私人生活中的激情和悲剧处于同等位置。出生在动荡的社会,眼见双亲日渐疏离,他忍受着不安与失去。家族中两名成员的精神疾病加剧了他对孤独的焦虑和排斥。每当他的自我形象出现裂痕,他都能找到新的自我认知断层,并对此进行探索与修复。然而,这种修补之道路艰且阻,难以持久。

到目前为止,还没有任何传记电影完整地描绘了他的故事。然而,了解雨果的挑战不仅仅在于他那漫长且多事的一生[1]。读过《悲惨世界》的人都知道,这是一场阅读量将近 1500 页的马拉松;他的另一本国际知名小说,1831年出版的《巴黎圣母院》(*Notre-Dame de Paris*)〔或译为《钟楼怪人》(*The Hunchback of Notre-Dame*)〕也超过 500 页,无法在短时间内读完。这些只是他庞大文学作品中对读者耐力测试的一小部分。一旦雨果落笔,他笔下充满好奇心与想象力的人物就像脱缰的野马般不受拘束。

若详细列举雨果一生的作品,其庞大规模令人叹为观止:包含 20 余部诗集;12 部戏剧作品,若加上他少年时

---

[1] 雨果生活中的某些章节以不同方式被重述。他在 19 世纪 30 年代早期的婚姻故事成为海伦·亨弗里斯(Helen Humphreys)小说《爱的重塑》(*The Reinvention of Love*)(2011)的背景;他在法兰西第二共和国期间的政治活动和动荡的私生活成为名为《维克多·雨果,国家敌人》(*Victor Hugo, ennemi d'État*)(2018)的迷你剧的主题,让-马克·穆图(Jean-Marc Moutout)执导,法国国家电视台 France 2 频道制作;他的流亡生活也是 M. J. 罗斯(M. J. Rose)小说《诱惑》(*Seduction*)(2013)和埃斯特尔·吉尔(Esther Gil),洛朗·帕图罗(Laurent Paturaud)的图像小说《维克多·雨果,流亡的边界》(*Victor Hugo, aux frontières de l'exil*)(2013)的焦点。他的小女儿也是弗朗索瓦·特吕弗(François Truffaut)1975 年获奖影片《阿黛尔·雨果的故事》(*The Story of Adèle H*)的核心人物。

期及身后出版的作品,则超过20部;9部小说,其中包括8部长篇小说和一部短篇小说集;此外还有非文学作品,其中包括6本涵盖历史、文学和哲学话题的散文集,3本政治文本和演讲集,以及两卷本的笔记;还有至少4本的书信集;3本旅行日志;一部为露易丝·贝尔丹(Louise Bertin)1836年由《巴黎圣母院》改编的歌剧《艾丝美拉达》(*La Esmeralda*);以及数千幅绘画和视觉作品,其中巴黎维克多·雨果博物馆收藏了700余件精选作品。

对雨果作品的改编又进一步拓宽了他文学领地的疆域。他的小说和戏剧作品已成为全球范围内无数电影和电视改编的主题,更不用说超过百种的音乐版本,包括威尔第创作的歌剧《埃尔纳尼》(*Ernani*)(1844)和《弄臣》(*Rigoletto*)(1851),以及广受喜爱的大型音乐剧《悲惨世界》(被昵称为 *Les Miz*)。当我们将目光投向印刷品(包括漫画和非官方续作)、广播剧(例如至少有10个版本的《悲惨世界》广播剧)、他的诗歌改编曲目,以及网络上的数字内容(比如粉丝小说、视频和游戏)时,涉及的改编作品数量更是难以计数[1]。尽管雨果的批评者可能会质疑他是否值得"伟大"这一文学品质标签,但用这个形容词来描述他作品的规模和广度是毋庸置疑的。

---

1 关于这种改编传统最具代表性的例子,参见凯瑟琳·M. 格罗斯曼(Kathryn M. Grossman),布拉德利·斯蒂芬斯编,《悲惨世界及其来世:在书页、舞台和屏幕之间》(*Les Misérables and its Afterlives: Between Page, Stage, and Screen*),伦敦,2015。

鉴于他作品的惊人维度，即使主题不同，雨果的传记往往有一个共同点：几乎都是洋洋大观的巨著，需要读者耐心阅读（当然大多数情况下，这是值得的）。最近的一本传记更是其中之最。即使最后一卷尚未完成，让-马克·霍瓦斯（Jean-Marc Hovasse）于 2001 年和 2008 年出版的前两卷法语传记，其篇幅（超过 2600 页）已超过于贝尔·朱安（Hubert Juin）的三卷传记（1980—1986）和马克斯·加洛（Max Gallo）的两卷研究（2001）。后两本也是法语传记。另外还有大量的法语及英语的单卷作品，但这些传记大多十分厚重[1]。与之形成鲜明对比的是，苏菲·格罗西奥尔（Sophie Grossiord）1998 年的图文传记和玛丽克·斯坦（Marieke Stein）2007 年的作品，都只有大约 150 页，但这些较为简短的例外仅以法文出版，并主要面向法国读者，这些读者在学校通常会学到关于雨果的知识。

这些书籍对于全球不讲雨果母语的大多数读者（包括那些希望从非法兰西中心视角了解他的法语读者）来说，并没有太大的帮助。非法语母语读者的选择相当有限，尤其是由于许多雨果的作品尚未被翻译成英文，这一点尤其

---

[1] 在法语传记作品中，阿兰·德考（Alain Decaux）近千页的著作（1984）非常出色；而最近的则是桑德林·菲利佩蒂（Sandrine Fillipetti）的 368 页作品（2011）。在英文传记方面，超过 300 页的重要作品包括乔安娜·理查德森（Joanna Richardson）1976 年出版的一部（其中部分内容过于主观），以及 A. F. 戴维森（A. F. Davidson）1912 年和艾略特·M. 格兰特（Elliot M. Grant）1945 年的著作（这些放现在有些过时）。详情参见参考文献。

令人沮丧[1]。最近的一本英语传记已经有20多年的历史，篇幅超过700页。格雷厄姆·罗布（Graham Robb）在1997年出版的这部作品虽然见解独到且内容全面，但是需要投入大量时间才能读完。此外，这本书自然无法反映21世纪迄今为止关于雨果的最新研究，包括文学学者和历史学家进行的宝贵研究。

为接续前述出版作品，本传记致力于提供关于雨果艺术成就与社会活动的精炼而全面的叙述，这一切均建立在对他非凡生涯的深入评估之上。正如其丰富的作品集，雨果的个人经历也生动展示了他如何借助诗意的想象力来领悟日常生活的实相。本书主要面向那些渴望以一种更为简洁的方式深入了解雨果的读者。对于已对雨果有所了解的读者而言，本书不仅能让他们重新审视他的生活故事和文学风格，还将引导他们探索关于雨果的新视角。在可能的情况下，我引用了现有的雨果英文译作，以方便读者进一

---

[1] 除了雨果大部分小说和部分诗歌选集的翻译之外，还有几本提供通俗英文介绍的著作，包括约翰·安德鲁·弗雷（John Andrew Frey），《维克多·雨果百科全书》（*A Victor Hugo Encyclopaedia*），韦斯特波特，康涅狄格，1999和马尔瓦·巴内特（Marva Barnett），《维克多·雨果论重要事物》（*Victor Hugo on Things that Matter*），纽黑文，康涅狄格，2009。这两本书更侧重于作为参考资料，而非深入分析，它们按不同主题有序地整理了雨果作品的样本。弗雷的汇编超过300页，而巴内特的著作则采用了更为专题化的结构，篇幅超过400页，但并未包含雨果法文作品的英文翻译。劳伦斯·M.波特（Laurence M. Porter）的研究著作《维克多·雨果》（*Victor Hugo*），波士顿，马萨诸塞，1999则包含了众多参考资料的翻译，但其以雨果流亡晚期作为结尾却显得较为局限。为了更好地为英语读者提供综合资源，可以考虑复制或缩编雨果全集的任何一版法文版本，这对于向非法语读者介绍雨果的戏剧、政治著作和批判思维尤为有益。

步研究我所引用的材料。然而,本书中大部分的翻译均出自我手,直接来自法语资料。在此,我的主要目标是尽可能忠实地再现雨果语言的韵律以及其结合了灵巧、亲密和力度的独特风格。

汪洋行者

没有一本雨果的传记能为他盖棺论定或做到详尽无遗,但他选择将自己庞大的作品集比作汪洋的隐喻,在我构建本书的结构时发挥了重要作用。正如2002年雨果诞辰200周年庆典期间,法国国家图书馆举办的"维克多·雨果:汪洋行者"展览的组织者所论述:"只有汪洋,才能与雨果作品的宏大、多样和恒久相称。[1]"将雨果的作品视作变幻莫测的海洋,其表面层层波动,深度难以测量,唯有丰富的想象力才能洞悉其深广,唯有民主变革之风才能维持其形态。这一波澜壮阔、永无止境的流动形象,唤起了雨果思维中的潮起潮落。也就是说,这表明了任何对他作品的阅读都应尊重他那强烈的对比和明显的矛盾,就像同一片海域时而汹涌,时而死寂。

作为一名浪漫主义者,雨果感受着这个世界的重量,

---

[1] 玛丽-洛尔·普雷沃(Marie-Laure Prévost),《"维克多·雨果:汪洋行者"笔记》(*Le Cahier 'Victor Hugo, l'homme océan'*),巴黎,2002,第2页。

他相信宇宙是永无止境,永不静止的,时间不断流逝,生命不断更迭,日夜不断循环。他视这些表面上的对立面为亲密相关,而非矛盾对立:"对立面并不会彼此损耗,恰恰相反,它们彼此成全。[1]"旧的一章结束,新的一章又会开始。表面上看似不连贯和独立的现象实则是同一运动的组成部分,就像波峰和波谷共同构成波浪一般。我们不该将它们视为相斥之力,反而是互补之力,从这一角度来看,它们是可以互换的。

这种流动孕育出神圣的生命之力,在溶于人类历史与人心的过程中终将带来解放。在我们的世界,无论是历史还是人心都无法保持不变或恒定。雨果不仅将这种自由与他自己的创造力联系起来,还与他所处时代不断发展的现代社会相结合。在他眼中,他的想象力必须像大自然一样自由而不受约束。只有这样,他才可以洞悉生命的多变,并探究其神秘的轨迹,从而赋予他的思想以社会与精神意义。

他将自己视作联系外界与内心变化的河道,并在1846年他的全集序言中考虑使用"汪洋"这个词作为标题:

> 我毕生的创作是一望无际的零星想法,起了头的作品与轮廓尚不明确的草稿……它们漂浮着在漩涡中打转,而我将

---

[1] 《莎士比亚论》,*Phil* ii,第93—94页。

维克多·雨果,《我的命运》(*My Destiny*),1857,水粉笔和棕墨水洗。由左至右,海浪越来越大,雨果的"命运"焦点不再是船只的挣扎,而是汪洋自身不断旋转的漩涡。

思绪扔进漩涡,却不知何时得以浮出水面。[1]

他曾将现代文学比作生机勃勃的汪洋。在英吉利海峡环抱的泽西岛与根西岛上流亡的日子里,他对这一想法越发着迷。

雨果在那里创造了**汪洋行者**这个词,用以描述艺术天才如何将自然界的自由流动导引入人类文明。他批判自己儿时的天真,不再认为诗人必须像赫拉克勒斯(Hercules)改变阿尔菲奥斯河的流向一样改变历史进程,因为"人本

---

[1] CV (Juin),第 1 卷,第 368 页。

不该刻意改变流向，而应加以疏导[1]"。与此同时，他用延绵不断却又不总直达目的的河道象征自己想法的形成。他声称自己已从保守主义转变为共和主义，"就像由江河汇入大海[2]"。对他来说，广袤开阔的视野与生机勃勃的自然别具诗意与政治意义，为他大开方便之门，引领这位天马行空却又绝不轻浮草率的思想家涉足未知而陌生的水域。

在这本传记中，我们也可以以一种更具体和实际的方式来理解汪洋这个比喻。雨果自比为汪洋，意味着我们无法简单地把这整片汪洋泵进一根水管里去得出一个片面的评断。如果我们想用这种方法排干这片汪洋，那这本传记的篇幅之大就连雨果最狂热的粉丝也将泥足深陷，难以前行。同样，只取弱水一瓢作为样本去分析亦是无用，因为这就有以偏概全的风险，也滞塞了整体的灵活性。相反，结合对雨果作品的近距离推敲与远距离观察，这种既有选择性也有一致性的方式则能突出他写作的主要规律。

雨果也用类似的方法处理局部与整体的关系。他首先挑选出需要仔细推敲的局部元素——比如人物的相遇，真实和虚构的人物形象，抑或历史中的某些特定时刻——再将其特征与更广泛的时间跨度以及在追求意义过程中"可

---

[1] *OC* (Laffont)，第 15 卷，第 298 页。
[2]《致阿尔杰农·查尔斯·斯温本》（To Algernon Charles Swinburne），*crp*，1869年7月14日。

能性所带来的巨大焦虑"相联系[1]。在阅读雨果的作品时，通过这种多角度的观察方法，我们得以窥见他在汪洋中的各种动态，以及其中驱动潮汐的周期性力量。如此一来，我们能够更清晰地瞥见雨果一生中的各个阶段，以及他用来自我表达的各种方式和媒介，从而揭示他作品的多样性和复杂性。

雨果渴望在一个全面的视野中将一切融为一体，这一愿望因其私人和公共生活中的不和谐而愈发迫切。他父母之间的敌对情绪，他自己的婚姻和婚外情中的痛苦；19世纪法国不同艺术风格之间的对立；法国政坛及其与欧洲邻国之间的敌视；政治生活与精神信仰之间日益变深的鸿沟——他试图和解的过程中确实不乏对立面。然而，他抚平不安的决心之所以受阻，不仅是由外在的对立造成的，也包括他自己内心的矛盾。

他对人类情感矛盾的敏锐感知让他渴望成为调和纷争的媒介，深植于他充满诗意的思维之中。"人的内心显示出我们时代的一幅凄凉的画卷。有条蛇在泉水的源头清晰可见，疑虑在我们的灵魂深处爬行。[2]"夏尔·波德莱尔（Charles Baudelaire），这位现代主义词匠，曾将《恶之花》（*The Flowers of Evil*）（1857）中的三首诗献给雨果，并宣

---

1 《莎士比亚论》，*Phil* ii，第627页。
2 《啊，多少疑虑占据了我们的心》（Que nous avons le doute en nous），《暮歌集》（*Les Chants du crépuscule*），xxxviii，*Pse* ii，第304页。

称自相矛盾是人权之一[1]，这并非巧合。雨果是浪漫主义的典型代表，虽然不断追求和谐，但总是不得不与不协调共存，他把这种不得已视为一种美德，将其想象为通往更丰盈人生和更贴近上帝的必经之路。

因此，在我的雨果传记中呈现出的是一个充满矛盾的人物：他身材匀称高挑，充满活力，朋友们甚至形容他的形体"足以作为艺术家的职业模特谋生"，"几乎可以媲美赫拉克勒斯"[2]；他是一位风度翩翩、富有感染力的名流，但又不喜欢聚会和酗酒；他是一个爱家的男人，精打细算，从不挥霍或赌博，却又因渴求异性带来的舒适感而陷入一系列婚外情，往往展现出上瘾似的强迫行为（与悔恨）；他是一个从未受洗，也不参加弥撒的信徒，但他也是信仰上帝和大爱的泛神论者，在泽西岛的降灵会中窥视坟墓之外的世界；他是一个关注道德原则和概念化多于狡猾政治操弄的政治家；以及一位憎恨暴力、渴望统一的作家，却又被历史与自然界中的破坏力所吸引。在本书中，他并非一个得胜自恋的半神，而是一个更为谦逊而焦虑的人。这是

---

[1] 参见波德莱尔为其翻译的埃德加·爱伦·坡（Edgar Allan Poe），《非凡故事：完整作品集》（*Extraordinary Tales: Œuvres completes*）所作的序，第 1 卷，巴黎，1975，第 709 页。
[2] 这些描述由出版商皮埃尔-儒尔·埃策尔（Pierre-Jules Hetzel）在 1857 年 9 月观察雨果游泳时记录，以及诗人西奥多·德·班维尔（Théodore de Banville）在 1862 年 9 月 16 日《悲惨世界》宴会上的记录：A. 帕尔梅尼（A. Parménie），C. 邦尼耶·德拉·夏佩尔（C. Bonnier de la Chapelle），《一个出版商及其作者的故事：埃策尔》（*Histoire d'un éditeur et ses auteurs: Hetzel*），巴黎，1985，第 274 页；班维尔，《文学、艺术和音乐评论选集》（*Critique littéraire, artistique, et musicale choisie*），第 2 卷，巴黎，2004，第 67 页。

对他生活与思想的写实，既信念坚定，又脆弱易溃，既渴望伟大与满足，又遭受着与之匹配的幻灭与局限。以这种方式看待雨果，我们能看到一个比典型描绘更加吸引人、更具人性的他，并获得一种更深入、更具"雨果风格"的视角。

本书将雨果的生命历程分为5个按时间顺序排列的部分，随后讨论了他的公葬仪式及其作为文化标志的长远影响。在结语部分的简要总结中，我们聚焦于雨果颠覆常规的能力，尤其是他和他的作品常常被戴上社会理想的高帽。这种颠覆性的力量，确保了雨果在21世纪的持续关联性，避免他那充满挑战的声音被浮夸的标语所掩盖。因此，这一结论重申了这本传记的核心观点：雨果及其作品都需要在了解它们自身特质的基础上去品读，而不仅是以回顾或者远观的角度去看待。

1 "我要么成为夏多布里昂,要么一事无成"
（1802—1822）

1816 年 7 月 10 日,雨果潦草写下了"要么成为夏多布里昂,要么一事无成",这句话常被后世引用,也成了他雄心的缩影。尽管如今,牛排夏多布里昂比作家夏多布里昂更为人熟知,但雨果当时并未预见自己会被批评家如刀俎下的牛肉般宰割。相反,他志在功成名就,处尊居显。在 19 世纪初的法国,弗朗索瓦-热内·德·夏多布里昂（François-René de Chateaubriand）是众多年轻人的偶像,他们想要去理解这个社会和宗教基础已经严重动摇的世界。他以创新的写作风格和对启蒙时代物质主义思想的拒绝,引领了法国浪漫主义的第一波浪潮。夏多布里昂认为是物质主义思想助长了革命的暴力,导致了许多贵族的死亡。不仅仅是雨果,拜伦勋爵、艾克托尔·柏辽兹（Hector Berlioz）和阿尔弗雷德·德·缪塞（Alfred de Musset）等人也深受夏多布里昂所描述的**激情的浪潮**（vague des passions）（激情的变幻无常或波动起伏）

以及由此揭示的情感不确定性影响,对他怀有深厚的敬佩之情。

虽然雨果的愿望看似是对未来伟大成就的预言,但我们更应将其视作一个14岁男孩年少气盛的豪言壮语,而非未来文豪的先见之明。鉴于他早熟的才华和早期的成功,似乎可以通过他的童年和青春期轻易预见其未来的成就。然而,他早年的经历揭示了这条道路的曲折与艰辛。这些挫折和挑战解释了为何他会被夏多布里昂吸引,不亚于任何一个梦想成名的少年。夏多布里昂在1791年作为皇室支持者逃离法国,游历新世界后,最终重新融入社会,并逐渐开始批评革命和拿破仑,这在雨果心中树立了作为作家表达观点应有的勇气。但除了道德榜样之外,夏多布里昂所彰显的浪漫主义情怀更是吸引着雨果,将其视作为自己波折经历所赋予意义的一种方式。

每当雨果回首那些青葱岁月,他总是试着将当时动荡的大海引入有序的港湾。1831年的诗集《秋叶集》(*Autumn Leaves*)开篇诗《本世纪两岁了》(This Century Was Two Years Old)中,诗人将自己表述为两个隐隐对立的来源的产物:一边是母亲给予的来自法国西部旺代省的布列塔尼血统,另一边则是父亲那边来自东部洛林的祖先。"我知道从哪里来。"他说,忠于自己静脉中流淌的混合的血液,源于"行伍出身的父亲与生于旺代的母亲!"。在这最后一行诗中,没有任何动词来表现动作,让整首诗以稳定的画面结束，这种风平浪静与之前简要描绘诗人一生中所经历的"澎湃波涛"相比，显得格格不入。

自然而然，调和动荡的过去与当下的自我成了雨果的一种习惯，在这首诗中，他用拿破仑帝国征程的"风暴之息"来描述此种动荡。他回忆"光荣与恐怖的高傲命运……害得我的童年随着每一阵风向四处留下萍踪"，在此之后，他再次向读者保证，那来自"我的头脑，任凭我的思想迸发出火花的熔炉"的诗歌力量将继续稳稳漂浮。然而，这种凸显他驾驭波涛能力的尝试最终以反高潮告终。最后一行中的两个对立面之间甚至没有连接词，更进一步突出了尾声的静态，暗示着他对父母这段南辕北辙的婚姻记忆十分模糊。雨果的母亲虽在思想上开明却在政治上偏保守，而他的父亲则是一位好战却又功勋卓著的军人。这样的家庭背景正是当时法国社会内部分歧的一个缩影，反映了这个国家在革命之后，正步入一个充满冲突和对立的未来。将矛盾的根源融入自然的诗歌演变并非易事，尽管它释放出的情感和他对夏多布里昂的共鸣开始帮助他学会让想象力与矛盾同存共进，而非单纯与之抗衡。

1802—1815：家庭的新生儿

命运显然早已决定雨果天生就具备应对挑战的资质。

正如父亲在雨果 19 岁那年所述,他是在孚日山脉的一座高峰上受孕的。雨果深谙父亲言辞中的主观色彩,但他本人并不反感运用想象来揭开真理的面纱。对于作为诗人的他而言,拥有如此宽阔的视野似乎并不出奇,毕竟他的起源与天空如此之近。

维克多-玛丽·雨果 1802 年 2 月 26 日在法国东部的小镇贝桑呱呱坠地。他的母亲,当时 29 岁的苏菲·特雷布谢(Sophie Trébuchet),在经历艰难的分娩之后才产下男婴。雨果初生之时即显得体弱多病,面色苍白,头部较大,而颈部和身体却显得格外纤弱。周围人担忧他可能患有佝偻病,生存几率渺茫。他的父亲,当时 28 岁的陆军司令约瑟夫·利奥波德·西吉斯贝尔·雨果(Joseph Léopold Sigisbert Hugo),在儿子生命迹象转好几天后,才向友人宣布了他第三个儿子的降生。从诞生之刻起,维克多就在生死的天平上摇摆不定。

《本世纪两岁了》凸显了雨果对母亲所给予的身心滋养的感激,但实际上,他在婴儿时期并未长久享有苏菲无微不至的关怀。随着夏季来临,他和哥哥阿贝尔(Abel)(1798 年生)、欧仁(Eugène)(1800 年生)一同搬到了马赛。几个月后,母亲为了解决丈夫与上司间的尴尬摩擦,起程前往巴黎寻求家族的援助。至于其间苏菲是否与雨果幼时的教父、将军维克多·拉奥里(Victor Lahorie)发生了亲密关系,还有待商榷。与此同时,雨果和兄弟们先搬到了科西嘉岛，随后又迁至托斯卡纳群岛的埃尔巴岛，那里是利奥波德的部队所在地。利奥波德在给妻子的信中述说了对自己育儿技巧的担忧。

婚姻生活仅过六载，两人已逐渐疏离。雨果对他们的描写让人们相信，这种疏远似乎命中注定，源于苏菲的保皇主义情怀和利奥波德的共和主义忠诚。但是，这种清晰的对立背后，隐藏着热情的利奥波德和沉着的苏菲之间更为错综复杂的引力。他们对启蒙时代哲学有着共同热爱，自由主义理念同样促使他们毫不压抑各自的欲望。1803年底，苏菲带着她的三个小兵重返巴黎。此时，拉奥里因参与针对首领拿破仑·波拿巴的阴谋，在苏菲的帮助下，也在巴黎暂时蛰伏。拿破仑·波拿巴正筹划将其领土转变为法兰西第一帝国，以抵御保皇党复辟的威胁。支持伏尔泰（Voltaire）观点的苏菲让儿子们接受了开明的世俗教育，但她并不急于告知孩子们的父亲，后者也因此频频抱怨，称自己只能偶尔从妻子那里得知家中的情况。

与他节节败退的婚姻相反，雨果少校的军旅生涯一路高歌猛进。若非他的家人与拉奥里牵连，他甚至会晋升得更快。当拿破仑将目光投向那不勒斯王国时，利奥波德于1806年初便率领其部队前去那不勒斯。同年末，他成功俘获了那不勒斯抵抗运动的领军人物弗拉·迪亚沃洛（Fra Diavolo），从而得以晋升为上校和元帅，而此时的那不勒斯王国已由他最铁杆的支持者之一、拿破仑的哥哥约瑟夫·

波拿巴（Joseph Bonaparte）所统治。次年冬天，苏菲被丈夫新晋军衔带来的安全感吸引，决定前往意大利与他团聚。然而，利奥波德却开始与名为凯瑟琳·托马斯（Catherine Thomas）的英国女子同居了。

那时，雨果已经开始有了零星记忆，对罗马及其巴洛克式的宏伟景观记忆尤其深刻。前往意大利的旅程不仅带给他发现新文化的喜悦，也让他亲眼见证拿破仑统治下的欧洲与家乡附近的暴力冲突。法兰西帝国遏制抵抗的手段令人毛骨悚然：将人钉在树上或在路边展示被切下的头颅并不少见。阿贝尔、欧仁和维克多并没有直接将他们的父亲与这种景象联系起来，反而为与他再次相见而兴奋雀跃，看到他的制服还赞叹不已，但是这次的家庭团聚是短暂的。利奥波德以工作繁忙为由，很快就将家人送到那不勒斯。他无法再与妻子同住一片屋檐之下。1808年5月马德里起义后，约瑟夫·波拿巴统治了西班牙，利奥波德被派去镇压那里的反抗力量，因此他带着凯瑟琳在那个夏天离开了意大利，留下苏菲和她的儿子们留守到年底，再经由米兰返回巴黎。在此期间，她与丈夫之间的信件交流透露出日益增长的敌意。

1809年2月上旬重返巴黎的生活很大程度上缓解了雨果因母亲的沮丧和父亲的疏远而引起的不安。依旧从丈夫那里获得可观赡养费的苏菲，不久就在拉丁区附近租了一处带有繁茂花园的新居。第六次搬家之后的雨果，头一次在这里过上了安稳的日子。和他的兄弟们一样,一而再,再而三流离失所的雨果有时会独自一人毫无缘由地悄悄哭泣[1]。对他们来说,旧斐杨底纳修道院宽敞的底层公寓中的生活,与他们从前的人生是两个世界。对他的哥哥们以及家族朋友和邻居皮埃尔·福谢(Pierre Foucher)夫妇的孩子们来说,那个花园成了理想的游乐园,也在年幼的维克多心中种下了对自然之美的深深眷恋。30年后,他仍会追忆这段在斐杨底纳度过的"绚烂美好,可惜转瞬即逝的童年[2]"。在诗中,他想象那个花园在乞求苏菲,让他留在这沙沙作响的树木,芬芳馨香的花朵与暮色四合的天空下,留在这大自然的教室里。他补充道:"她不再将我囚禁于枯燥无味的牢笼,而是将我年轻的心灵托付给了它们温柔的教诲。"

除了花园,他在这首诗中特别赞扬的另外两位"老师",也就是"老神甫和母亲",也为这种伊甸园式的教育作出了贡献。前者是一位名叫里维埃尔(Rivière)的神职人员,他在附近的小学任教。与苏菲商议后,他教授欧仁和维克多拉丁语,并向他们介绍了塔西伦(Tacitus)和荷

---

[1] 参见夏尔·波杜安(Charles Baudouin),《维克多·雨果的精神分析》(*Psychanalyse de Victor Hugo*),1943,皮埃尔·阿尔布伊(Pierre Albouy)编,巴黎,1972,第132—137页。
[2] 《在斐杨底纳,约1813年发生的事情》(Ce qui se passait aux Feuillantines, vers 1813),《光影集》(*Les Rayons et les ombres*),xix,*Pse* ii,第590页。

马(Homer),此外还鼓励他们互相评比各自的译文[1]。苏菲也常带两个小儿子去当地的**公共阅览室**,提高他们的阅读能力。然而,在这首诗的致谢中,未提及苏菲在花园深处破旧教堂里藏匿的那个男人。拉奥里自称"库尔朗代先生"(Monsieur de Courlandais),为苏菲的儿子们提供了额外的自由派教育。他与这家人共进晚餐,辅导男孩们做功课,对罗马共和国和民主思想特别感兴趣。

在《悲惨世界》中创造了卜吕梅街那个伊甸园般的花园,以及经常在小说中展现的家庭重组情节的小说家,无疑深受斐杨底纳的影响。在这18个月的启蒙教育期间,在学习的乐趣和生机盎然的花园的滋养下,在远离父亲的军事生活的环境中,我们可以窥见一位认为思想和笔墨将永远战胜大炮和流血的浪漫主义者,一位勇于斥责一整个帝国的抗议者。这一切在1810年12月,拉奥里被新任警察部长诱捕之后结束。同时,苏菲也感觉自己应趁机避避风头。

一家人于1811年3月动身前往西班牙。欧仁和维克多坚持要坐在马车外侧座位上,好以最佳视野欣赏沿途风景。好奇又倔犟的雨果家小儿子怀着不愿错过任何冒险的心情,奋力争抢座位。像在意大利一样,逃往外国的旅程虽然拓

---

[1] 让-马克·霍瓦斯,《维克多·雨果,流亡前1802—1851》,巴黎,2001,第76页。

宽了他的视野,但也让他眼中的世界变得越发灰暗。他们在法国西南海岸靠近西班牙边境的巴约讷停留了一个月,其间,他称自己曾多次观看热内-夏尔·吉尔贝·德·皮克塞雷古(René-Charles Guilbert de Pixérécourt)的情节剧《巴比伦废墟》(*The Ruins of Babylon*),其中的杏色骑兵和浑身披挂着锁子甲的阿拉伯人带给他前所未有的戏剧冲击[1]。同样是在巴约讷——正是在巴约讷,当他听房东女儿讲故事时,女孩的胸脯不经意间闯入他的视野,让他"宣告了自己男性力量的觉醒",这证明有声的言语能轻而易举地与身体的感知水乳交融[2]。

到了巴利亚多利德,由于必须等待护送的车队,一家人也不得不短暂滞留,因为没有增援就无法安然前进。去剧院看戏无疑是打发时间的好办法。一路上,苏菲和儿子们不得不多次中断行程,这也算是他们对利奥波德所处世界的初体验。与此同时,得到大人物们青眼的利奥波德在成为雨果将军之后,奉命管理西班牙中部的阿维拉省。在从巴利亚多利德到马德里的路上,一家人亲眼见到了抵抗战士被吊死后头颅被钉在当地教堂门上的骇人景象。本就崎岖难行的道路因这种毛骨悚然的景象更加扰人心魄。6月,车队才终于抵达马德里。一家人被引领到前法国大使馆的宫殿,那里豪华的装饰激发了雨果对装饰的兴趣。

---

[1] *OC* (Laffont), xiii, 第 763 页。
[2] 引自格雷厄姆·罗布,《维克多·雨果》,伦敦,1997,第 32 页。

利奥波德得悉苏菲到达瓜达拉哈拉省时，并未显得特别欣慰。在那不勒斯所生出的嫌隙在马德里成了不可避免的问题。利奥波德提出离婚申请，并把三个儿子送往神学院。虔诚牧师的教导与他们过去所受教育的风格迥异，即使他们能够参加奔牛节和圣伊西德罗市节日的准备也没有让他们对教会产生归属感。面对丈夫的离婚申请，苏菲迅速作出回应，向约瑟夫·波拿巴坚称自己的清白。约瑟夫·波拿巴想要以礼治国，因此他也算是一位富有同情心的仲裁人。然而，到了10月，当利奥波德得知拉奥里被捕时，他提出了对妻子行为和动机的怀疑，于是约瑟夫国王更加难以决断。最终，利奥波德应国王的要求返回马德里，但切断了对妻子的经济支持，而他的儿子们则继续承受教育的囚牢和与母亲分离的双重打击。双方之间的敌意一直持续到新的一年，约瑟夫最终干预，说服了双方达成协议：阿贝尔将作为皇室贵族留在西班牙，苏菲将与欧仁和维克多一起在春天回到巴黎，领取约瑟夫用利奥波德收入的一部分创立的养老金来满足生活所需。

一家人就这么散了。更令雨果痛苦的是，他在回家的途中看到了两幅悲惨的景象：一名被判刑的男子在布尔戈斯被领到绞架下，一座十字架上钉着一具叛乱者鲜血淋漓的残破尸体。回到斐杨底纳之后，阿贝尔直到1813年下半年才返回，但这并非他们在西班牙生活的唯一改变。拉奥里仍旧反对拿破仑的统治，在政变失败后，于1812年10

月被处决（这场政变很可能涉及苏菲）。如果雨果的记忆可靠的话，他的母亲是在拉奥里被处死之后才告诉雨果他的真名。次年稍晚，迫于巴黎当局的城市改造规划，雨果一家只好离开了斐杨底纳，搬到了巴黎第六区一处房产的底层。在那儿，他们与同是最近搬家，但家里有花园的皮埃尔·福谢一家仍然十分亲近。苏菲的儿子们在她的全力支持下开始创作诗歌。1814 年 3 月下旬，随着俄罗斯和普鲁士军队的到来结束拿破仑统治，拉奥里的逝世带给苏菲的哀痛才有所缓解。利奥波德作为法国忠诚的士兵，开始为新国王路易十八（Louis XVIII）服务。

在欧洲尝试着迈向和平的同时，雨果的父母展开了激烈的离婚诉讼。利奥波德委任他同母异父的妹妹玛格丽特·马尔丹（Marguerite Martin）为他的法律代理人，帮他对抗他称之为**那个恶魔**的女人，并指示她出售家庭财产并取得对他两个小儿子的监护权。尽管欧仁和维克多对这个姑妈几乎一无所知，他们还是在 6 月被带到了位于圣日耳曼德普雷的姑妈家。随着父母婚姻的日益恶化，兄弟间的纽带变得越发重要。早在 1812 年，雨果就已经尝试着创作了两部戏剧作品：一部滑稽喜剧《人间地狱》（*Hell on Earth*）和一部童话情节剧《魔鬼城堡》（*The Devil's Castle*）。在卢森堡花园欣赏了木偶剧后，他和欧仁开始一起即兴创作木偶戏剧，以此作为逃离现实的出口。

1815—1822：迈向成年

这一次，皮埃尔·福谢试图介入雨果家的纷争，并为双方调解，但他最终只能说服利奥波德将离婚请求改为按照自己条件的正式分居。1815 年 1 月，法院判定雨果将军胜诉。随后发生了一次特别不愉快的面对面对峙，在这次争吵中，几个朋友和家政人员亲眼见证了利奥波德对苏菲的言语和身体暴力，这为苏菲在法律上获得一份小额养老金提供了一定的优势。

在随后的三年半，欧仁和维克多成了位于圣日耳曼德普雷修道院附近科迪尔寄宿学校的学生。其间，他们对自主的渴望和对父亲的失望日益加剧。两个孩子被安置在阁楼的房间里，那里夏天闷热难耐，冬天又寒冷刺骨，没有假期，不准单独外出，探访的机会也极为有限。1815 年春，拿破仑百日王朝期间，利奥波德前往锡永维尔，英勇地抵御普鲁士人，守卫国家东北边境。而在巴黎，他的儿子们也在学校里发起了自己的战役：全身心投入学业。除了其他活动，他们定期学习，翻译拉丁文诗歌，还创作了几出戏剧，在学校进行演出。似乎是受到家庭中敌对气氛的激发，维克多开始用诗歌想象世界末日，在 14 岁时，他写了一首描述世界末日颂诗《大地上的最后一天》（Last

Day on Earth），以及一首名为《洪灾》（The Deluge）的救赎题材史诗。

1816 年夏天，雨果下定决心要成为夏多布里昂。虽然这一目标带着他父亲征战四方的霸气口吻，但其最终目的却表明他更认同母亲的思想。夏多布里昂是反对共和国的布列塔尼贵族，也是一位情感素养丰富的作家，相比步枪，他更倾向使用想象。简而言之，他象征着并肯定了苏菲与利奥波德将军的差异，正如年轻的维克多·雨果在波旁王朝复辟初期所见。在拉奥里缺席的情况下，夏多布里昂成了雨果这位有志诗人的榜样，比起他那沉默寡言的父亲来说更加合适。夏多布里昂的中篇小说《阿达拉》（Atala）（1801）和《热内》（René）（1802）运用了华丽而有节奏的散文来捕捉自然的活力和心灵的澎湃冲动，两者均跳脱出了理性的有序框架。同样，在《基督的天才》（The Genius of Christianity）（1802）中，他论述了启蒙时代误解了上帝，从而使法国偏离了真正的进步方向。他声称，基督教对文明和艺术的贡献至关重要，它认可了所有创造的神性。这种观点主张世界远不止于肉眼所见，相比启蒙运动的世俗观点所言，时间和死亡的残酷具有更伟大的创造目的。

对雨果而言，正如他后来的颂歌中所暗示的那样，夏多布里昂还向他展示了如何将个人的悲伤视作通往更深自我理解的学习过程，而非仅仅是陷入绝望的沉沦。气候越恶劣，船只越英勇：

> 夏多布里昂是一艘英勇的船
>
> 渴望飓风更甚和风。
>
> ……我们看到你,每每从高处坠落,
>
> 却仍高于你曾攀至的巅峰。[1]

正因这种将痛苦视作短暂过渡的精神,雨果将他、他的兄弟们以及他们"亲爱的妈妈[2]"在父亲选定的代理人——玛格丽特姑妈手中所遭受的痛苦视作高尚的磨炼。在维克多和欧仁共同致父亲的信中,玛格丽特·"马尔丹夫人"成为他们抱怨的焦点。她总是习惯性地诋毁他们的行为,反而让雨果能对父亲保有孺慕之情,这无疑也养成了雨果以后在许多政治干预中展现的道德愤慨。他和欧仁在信中对父亲说:"您的信让我们明白,我们的行为遭到了诽谤,无论我们做什么,总有人会在您耳边诬陷我们。但这无关紧要。"

利奥波德认为他们提出的各种请求,无论是假期出游还是日常物品如新鞋,都是出自他与他们疏远的妻子的唆使,以及他们对姑妈权威的不尊重。他认为苏菲将自己的忘恩负义传给了他们的儿子,因此他驳回了他们改善待遇

---

[1] 《致夏多布里昂先生的信》(À M. de Chateaubriand),*OB*,第三卷,ii,第138 页。
[2] 雨果在与母亲的通信中常用此问候语。

的要求，同时也未能掩饰自己的怨恨。他们的信直白地表达了痛苦之情："看到您如此薄情地对待母亲，对我们来说极为痛苦。[1]"当阿贝尔后来试图在中间做和事佬时，利奥波德觉得自己受到了冒犯，并抱怨阿贝尔的不敬。他怒不可遏，甚至都没有意识到他的长子像他的两个小儿子一样，是在为自己找一个替罪羊，也就是玛格丽特。既然连波拿巴都无法驱散雨果家的硝烟，一个17岁的青年就更不可能了。

雨果效仿他的英雄，利用逆境来集中精力，而非任其消磨意志。1816年下半年，在如饥似渴地读完了伏尔泰的悲剧后，他投入了大量精力，撰写了一部逾1500行的诗体悲剧。此剧讲述暴君坎比斯（Cambyse）篡夺埃及王位，国王的卫士伊尔塔曼（Irtamène）为复位正统君主并救赎爱妻而奋战。这个充满表现力的保皇派英雄救援无辜配偶，击败篡位者及其政权的故事，使雨果得以想象出对他自己困境的理想解决方案。从更客观的层面来看，剧本展示了他运用法国亚历山大诗体十二音节韵律的能力，这是17世纪法国戏剧大师如莫里哀（Molière）和让·拉辛（Jean Racine）的特色。同时，它也揭示了他对法国新古典主义悲剧传统的领悟，这些传统由尼古拉·布瓦洛（Nicolas Boileau）在其经典著作《诗的艺术》（*L'Art poétique*）（1674）中规范化，然

---

[1] 《致雨果将军的信》（To General Hugo），1816年6月22日和11月12日，*CRP*，第一卷，第293—295页。

而，在诸如空间的统一性之类的规则上，它显得有些离经叛道。他与欧仁在著名的路易大帝中学上的哲学课中，一直在学习有关这个流派的更多知识，在那里，戏剧也是学校社区的重要组成部分。

雨果自豪地将《伊尔塔曼》(*Irtamène*)作为1817年的新年礼物献给他的母亲。苏菲并非唯一注意到他日新月盛的才华之人。年轻的校长菲利克斯·比斯卡拉（Félix Biscarrat），后成为他的挚友和支持者，向法兰西学术院年度诗歌比赛提交了雨果的作品。这首颂扬阅读乐趣的诗歌引起评委的注意，惊叹这位15岁维吉尔（Virgil）迷的才华。当年夏天，阿贝尔利用自己在巴黎文坛的人脉，帮助弟弟到处宣传他出色的处女作，尤其重点告知了他们的父亲。与此同时，他的弟弟在下一学期则专心创作另外两部戏剧：复仇悲剧《阿瑟利，或斯堪的纳维亚人》(*Athélie, or the Scandinavians*)，以北方为背景，让人联想到伏尔泰超越古典和《圣经》背景振兴法国舞台的尝试；喜剧《机遇总有益处》(*Chance is Good for Something*)，则放弃了新古典主义的真实性要求，纵情于想象的天马行空。这第二部作品是苏菲1818年的新年礼物，证明了母亲是他心目中的第一位观众。

很快，雨果就踏上了作家的职业道路。苏菲赢得了两个儿子的监护权，以及一笔更高的生活津贴。兄弟俩毕业后又搬回母亲身边，在巴黎左岸中心地区一间简朴的出租屋中生活。复辟之后,阿贝尔也不再从军,从 7 月起,他每月都在当地的一家餐馆举办文学聚会,邀请了他文学圈的朋友们,两个弟弟当然也在受邀之列。11 月,欧仁和维克多报名了法律课程,但这不过是针对父亲的障眼法,以便在暗中继续追求自己真正的兴趣所在。文学聚会的成员主要是保守派或**激进派保皇党**(ultras),和苏菲的政治理念相合。

1819 年,雨果单独发表了两首诗,第一首献给夏多布里昂,另一首颂歌则参加了法国最古老的文学社——花卉游戏文学社(Académie des Jeux floraux)的年度竞赛。颂歌被公认为是激发最早期诗人灵感的一种过时而自大的诗体,而雨果则相信这种诗体更能抒发炽热的感情,让人感同身受。为了不过分冒犯当代对新古典主义自律的期许,他的颂歌虽然内容上狂放不羁,但在结构上足够遵守他已掌握的传统规范:长而复杂的诗节,其中的任何韵律和行长变化都是有规律的,而非不可预测。他的获奖作品纪念了亨利四世(Henri IV)雕像在新桥上的重立,这是波旁王朝的第一位君主。雨果在前一年和母亲与兄弟一同参加了该雕像的游行和揭幕仪式。雨果认为,"在贤者激动的目光中",像亨利四世这种廉洁君主的精神必将永垂不朽,无论多少暴力施加于这些纪念碑,都将生生不息。因此,举国都应为这座雕像的回归而感到骄傲:"毫无疑问,这庄严的形象/

将缓解我们的病痛，甜美我们的幸福。"[1] 雨果珍视这种永恒象征的美德，因此他选择了一座奖杯而非现金作为自己的奖励。

接连的成功令雨果雄心大振，他趁势和弟弟们联手创办了名为《文学保守者》(*Le Conservateur littéraire*) 的新期刊。这也是向夏多布里昂的政治评论刊物《保守者》(*Le Conservateur*) 致敬。第一期在12月问世，之后每月两期，堪堪持续了一年多。在此期间，雨果的贡献超过所有其他作者的总和，他撰写了逾百篇诗歌、译文和评论。这些文章标志着他迈入新闻时评的第一步，涵盖了他对后革命时期无神论的抨击——他和夏多布里昂一样，认为这种思想扼杀了法国文化的想象力，虽然他对伏尔泰怀有敬意，这在一定程度上缓和了《热内》作者所体现的强烈的基督教保皇主义立场。值得注意的是，他的首要目标是确保法国文学的未来地位，因此他的论述主要基于文学和美学。在对当代戏剧的反思中，他采取了一种怀旧的语调，显出超越实际年龄的成熟，他感慨道："人们不再问诗人是否来自正确的学派，而是问是否来自正确的政党。"[2] 尽管对卡西米尔·德拉维涅 (Casimir Delavigne) 的历史悲剧《西西里晚祷》(*The Sicilian Vespers*)（1819）中生动的对话和壮观

---

1 《重建亨利四世雕像颂》(Le rétablissement de la statue de Henri IV)，*OB*，第一卷，vi，第64页。
2 引自弗洛伦斯·诺格雷特 (Florence Naugrette)，《维克多·雨果的剧场》(*Le Théâtre de Victor Hugo*)，洛桑，2016，第7—8页。

的舞台布景加以赞赏，但他并未像复辟时期的媒体那样，对其自由派政治立场进行无端的嘲讽或盲目的歌颂。

虽然雨果重点关注文学的艺术性，但他并不像一般文学新贵那样缺乏政治经验。1820年初，在国王的侄子被波拿巴主义者暗杀之后不久，他发表了自己的颂歌《贝里公爵之死》（The Death of the Duc de Berry）。他捕捉了巴黎各地保皇派沙龙的悲痛情绪，并从王室获得了一笔奖金。这一成就促使夏多布里昂邀请这位新兴的文学奇才与他会面。然而，会见过程证明了"偶像迷最好不要与偶像见面"这句格言的部分真理，雨果发现夏多布里昂态度冷漠，甚至带有居高临下的感觉。第一次见面极其平淡，以至于苏菲不得不说服儿子接受次日早上再次见面的邀请，当时这个52岁的男子在年轻客人面前洗澡，更是让雨果心中的英雄跌入凡尘。雨果在和他来往的过程中仍保持对他的尊重，并在颂歌中进一步致敬他，但先前美好的滤镜已被打破。如果夏多布里昂并非文学天才理想的模样，那么雨果意识到自己必须成为这一理想。

他实现这一目标的动力不仅仅出于文学方面的抱负。早在1818年，他和欧仁就开始定期陪伴母亲去拜访福谢一家。那些聚会总是充满了一种古怪的寂静：福谢先生沉浸在他的阅读中，而他的妻子、女儿阿黛尔（Adèle）和苏菲则忙碌于纺织活动。在这样的场合中，雨果、欧仁和维克多·福谢围坐在中央的餐桌旁，几乎无事可做。在这种沉默的氛围中，雨果的目光经常落在曾在斐杨底纳与他一起玩耍的阿黛尔身上，心中情愫萌动。当年 15 岁的阿黛尔，拥有一头浓密的黑发和深邃的大眼睛。次年 4 月，他俩终于摆脱了聚会的惯例，在花园里互相告白。到 1820 年，他们在书信中相互称呼为"您忠实的妻子"和"您的丈夫"，彼此许下了永恒的承诺。然而，当阿黛尔的父母得知这段情感后，他们对自己的女儿被没有固定收入来源的诗人追求感到不安，因此他们便去找苏菲谈话。苏菲非但毫不欢喜，反而生气地告诉她最小的孩子，将军的儿子不可以娶普通职员的女儿。对雨果而言，这是一次双重打击：一方面，他被禁止再见阿黛尔；另一方面，他眼中的母亲，曾是无情父亲的受害者，现在却也变成了一位无情的独裁者。

雨果的文学前途与家庭命运此刻紧密交织。要是能成为一名成功的作家，那么他就更有底气来迎娶阿黛尔了。他再次一头扎进自己的工作，并不遗余力地自我宣传。紧凑的日程安排让他无暇顾及其他的信件往来，虽说这令他的朋友们十分不悦[1]，但他却利用工作来强化自己的意志力量：

> 荣耀是我渴望的终点……
> 那在狂风中诞生的雏鹰，
> 只有穿透乌云的暗黑柩衣

---

[1] 《致阿道夫·特雷布谢的信》（To Adolphe Trébuchet），1820 年 9 月 21 日，CRP，第一卷，第 316—317 页。

才能扶摇直上，飞向太阳。[1]

他知道福谢家族订阅了《文学保守者》，因此在该刊7月首版中发表了一首深情而悲伤的诗《年轻的放逐者》（The Young Outcast）。诗中，诗人雷蒙德（Raymond）向失去的爱人艾玛（Emma）倾诉："我绝不在痴妄中爱你，我在炙热怒火中爱你！"他恳请她在阅读后将这些诗篇焚毁，以免她将来的爱人对她的纯洁产生怀疑。秋天，他拒绝了夏多布里昂的邀请，不愿前往柏林担任他的大使助理，而是选择坚守自己的文学职业道路，不想投身政治学徒的生涯。他继续通过颂歌展示自己的保皇派立场，作了一首颂歌庆贺贝里公爵（Duc de Berry）遗腹子的诞生，并在1821年5月为这位"奇迹之子"的洗礼再度创作颂歌。同月，他的母亲苏菲身体状况日益恶化。她一直饱受胸腔和神经系统疾病的困扰，医疗开支巨大。6月27日，她在儿子们相伴下离世，终年49岁。为支付她的丧葬费用，他们不得不出售她留下的一些贵重物品，包括手表和银器。

这份"无法估量、无法修补的损失"让雨果和他的兄弟们"悲痛欲绝"[2]。然而，悲恸反倒意外促成了两次和解。雨果写信给父亲告知母亲的死讯，并提及母亲一直坚

---

[1] 《革命中的诗人》（Le poète dans les révolutions），*OB*，第一卷，i，第40页。
[2] 《致雨果将军的信》，1821年6月28日，*CRP*，第一卷，第322页。

持要他们三兄弟对父亲保持尊重。毕竟他是一位功勋卓著的将军。失去了母亲，雨果越发希望能修复与父亲的关系，"因为只要他愿意，他会一直是我们的父亲[1]"。他同时也需要父亲在财务上的支持来开启自己的职业生涯。虽然他得到的资金并不如他所愿那么随要随得，让他体验了后来在《悲惨世界》中马吕斯（Marius）学生时代的艰难。不过现在苏菲不在了，利奥波德对儿子们的怀疑也减轻了。没过几周，他就允许雨果与阿黛尔结合，条件是他作为丈夫能为家庭提供稳定的收入。利奥波德还宣布，自己即将与情妇凯瑟琳结婚。

苏菲的去世立刻消除了雨果与阿黛尔恋爱的主要障碍。这对秘密情侣一直在暗地里用书信往来，部分原因是雨果坚信他的母亲最终会同意他们的婚约。7月中旬，福谢一家前往巴黎以西72公里（45英里）的德勒，为了让女儿和悲伤的恋人拉开距离，以防两人擦枪走火。雨果决心追随，没钱乘马车，他就步行。这趟旅程孕育了他早期的游记，在写给阿尔弗雷德·德·维尼（Alfred de Vigny）的信中，他满怀浪漫之情描述了自己对德勒城堡废墟的着迷。他最终说服皮埃尔·福谢认可了他求婚的诚意。福谢，如同雨果将军一般，也要求这位初露头角的诗人必须有足够收入才能娶他的女儿。

雨果对阿黛尔的未竟之情已经持续两年之久，如今面

---

[1] 《致皮埃尔·福谢的信》(To Pierre Foucher)，1821年8月3日，CRP，第一卷，第331页。

临两位父亲的挑战，必须证明自己。然而，这正是一位身具傲骨的诗人所需要的激励。次年9月，他获得了皇家养恤金，加上预计年收入，年薪将超过2000法郎。这笔收入还要归功于6月在阿贝尔的帮助下出版的《颂歌和杂诗》(*Odes and Assorted Poems*)。这本新旧颂歌的合集深受阿尔方斯·德·拉马丹（Alphonse de Lamartine）极受欢迎的《诗意冥想》(*Poetic Meditations*)（1820）影响，后者在1月再版时增加了两首诗歌。正如夏多布里昂对散文的贡献，拉马丹为诗歌带来了革命性的变化。他是新浪漫主义的先驱，杜绝新古典主义对永恒、有序真理的追求，转而将抒情的自我沉浸在时间的流变和人类情感的深层变幻之中。

雨果的诗集中虽没有像拉马丹忧郁至极的诗歌《湖》(The Lake)那样的杰作，但诗集的短序却给了他第一个将自己所有作品串联起来、阐明自己文学方法论的机会。他创作此书的原因有二：文学与政治，但他强调"后者是前者的结果"。他接着阐述了两大核心理念：诗歌的广阔无垠，以及对隐藏于现实之下的另一种存在的认知。这种存在"对于那些习惯于在一切中寻找超越本身的沉思者，显露其耀眼光辉。"因此，他定义："诗歌是万物中最为内核的精髓。"[1] 雨果虽出身保守派，但他此举实际上是在为独立自主的诗人辩护，认为只有他们才是真正的艺术家。

---

[1] 序言，1822，*OB*，第5页。

让·阿洛（Jean Alaux），《维克多·雨果》（*Victor Hugo*），1825：雨果最早的肖像之一。

朱莉·杜维达尔·德·蒙弗里耶（Julie Duvidal de Montferrier），《阿黛尔·福谢（阿黛尔·雨果）肖像》（*Portrait of Adèle Foucher* [Adèle Hugo]），约1820，布面油画。

这篇序言所具有的神秘色彩与夏多布里昂所推动的浪漫主义天主教复兴运动相呼应。它将革命的自由主义原则与基督教关于人类既是凡人又拥有不朽灵魂的信念相结合。在这方面，雨果与布列塔尼的修道士费利西泰·拉梅内（Félicité Lamennais）的友谊对他有着深远的影响，特别是鉴于他们后来对社会自由主义的共同兴趣，这与浪漫主义诗人拉马丹等人有共鸣。拉梅内常为《文学保守者》撰稿，他在1817年发表的论文《论宗教事务的冷漠》（*Essay on Indifference in Matters of Religion*）得到了广泛的关注。不同于苏菲的做法，拉梅内为雨果打开了一扇探索精神信仰的窗。他在雨果筹划婚礼的过程中扮演了至关重要的角色，为雨果在意大利接受了洗礼作证，即使这样的典礼实际上并未发生。这不是雨果最后一次以爱之名借助谎言达成目的。

1822年10月12日，维克多·雨果和阿黛尔·福谢终于在巴黎的圣叙尔皮斯教堂完婚，随后在皮埃尔·福谢工作的陆军部宴请宾客。雨果晚年声称，他和妻子在新婚之夜做爱不下9次，这个传说奠定了他精力健旺的名声[1]。考虑到他独自度过的那些躁动夜晚，这过剩（以及很有可能被夸大）的性能量爆发，可能是他独自度过的无眠之夜的必然结果，是一种补偿性的行为，但同时也揭示了超越纯

---

[1] 亨利·吉耶曼（Henri Guillemin），《雨果与性欲》（*Hugo et la sexualité*），巴黎，1954，第13—14页。

粹快乐的更加混乱的感情。在婚礼庆典期间，欧仁变得异常焦躁，不得不接受兄弟们的帮助。正如多年来怪异难测的行为所预示的那样，欧仁最终因为无法忍受的多重压力而崩溃了：母亲的去世，父亲的再婚，对弟弟与日俱增的嫉妒，因为他弟弟不仅文学成就超越了他，而且还迎娶了自己暗恋的对象。

欧仁的转变让雨果心碎，尽管他庆幸母亲不需要目睹自己的二儿子被送入精神病院的情景。不到两年，医生们宣布欧仁的精神状态无法恢复，禁止家人探视，直到欧仁1837年去世。欧仁的病情无疑刺激着雨果更加珍惜自己所拥有的一切。1822年末，他不仅娶得了自己的青梅竹马，还宣告了自己是法国最有前途的新晋作家。但是母亲的逝世加深了他对失去的恐惧，而哥哥的精神分裂也让他更加清楚天才的自控力与疯狂的脆弱性之间的界限有多不稳定。他成为当代先锋作家的渴望虽然在青少年时期得以激发，但也豢养了他对少年壮志黑暗面的恐惧——万一他失败了，最终一事无成，又会如何？

他对父亲说起的对欧仁的担心，以及与阿黛尔恋爱时所表达的情感，都证明这些焦虑深深扎根在他的自我之中。他担心："社会用来治疗（精神病）患者的工具，无论是监禁还是剥夺活动的权利，可能只会加剧病情，而在我看来，唯一的治愈方式是让他们自由活动并分散他们的注意力。[1]"尽管他承认这种方案几乎不可能实现,但是他这一生所表现出来的能量也印证了他不让身心过于闲散的思想。他写给阿黛尔的信中表现出了一种与之相关又不尽相同的需求,这是年轻恋人之间热切的渴望:来自爱人的认可。他对她说:"如果没有你的爱,我就活不下去。"他既害怕被抛弃又害怕受辱,警告她自己可能会妒火中烧。"如果爱情里没有嫉妒,那它既不真挚又不纯粹。"他嫉妒她的弟弟有时会与她同榻,也嫉妒她的叔叔有时会在傍晚与她外出游玩。这种嫉妒可能解释了为什么阿黛尔始终冷静自持,也解释了为什么她难以理解诗歌的真意。雨果希望他的回应可以让她确信,"即使最迟钝的人也能感受诗歌":"诗歌即灵魂,所谓的我的才华,不过是我的灵魂而已。"[2] 通过展露灵魂来赚取营生的他,在进入青年时期之后,其饥渴与不安必然加剧。

---

1 《致雨果将军的信》,1823 年 6 月 27 日,CRP,第一卷,第 371 页。
2 《致阿黛尔·福谢的信》(To Adèle Foucher),1820 年 2 月 19 日和 1821 年 12 月 21 日、29 日,CRP,第一卷,第 14 页,第 85 页,第 90 页。

2 "我是一股动力！"
（1823—1835）

将雨果比作势不可当的动力——正如他 1830 年的剧作《艾那尼》（*Hernani*）中所述的 une force qui va——是对他在 19 世纪 20 年代初至 30 年代中，于成名之路上跋山涉水的常用比喻。这不仅是一句盛气凌人的宣言，更揭露了他游移不定、近乎狂热的灵魂。在戏剧中部，主角艾那尼（Hernani）祈求他深爱的唐尼娅·素儿（Doña Sol）放弃他，接受与她伯伯唐·葛梅茨公爵（Don Ruy Gomez）的强制婚姻，不要结束自己的生命：

> 或许你认为
> 我和他人一样，是个
> 有真知灼见、直奔梦想的人。
> 别自欺欺人了！我是一股动力！
> 既瞎又聋，是无极悲伤的化身！

是黑暗缔造的悲惨灵魂！

我该何去何从？我不知道。我只感到

有一股旋流般的低语，一道无知无觉的意念在驱使我。[1]

作为典型的雨果式人物，艾那尼的命运并非如古典悲剧中那样由诸神预定，而是由他本性中的激荡不安所决定。身为贵族后裔，却在16世纪的西班牙身处流亡的边缘，年轻的强盗对抗着国王，也是杀父仇人之子。他的动力源自对父亲的爱，他是卡斯蒂利亚荣誉的象征。同样激励他的是对素儿的爱，她是纯洁之爱的化身。然而他却明白自己这辈子永远不会走上安稳的道路。他将自己定义为躁动而不稳健之人，这种人设源于雨果自身的不安，通过台词的跨行连续（也就是一句话分成几行，在行末不使用标点结尾）可见一斑。虽然视觉与听觉都不能为他定向，但他能感受到有股冲动而盲目的力量驱使他向未来前行。

如果光看艾那尼的那句 une force qui va，或许可以说它表现了一种既有朝气又坚决果断的自我认知。然而，放在一整段台词里看，这股力量可以看作一种不断搜寻、时而不可控制的激流。雨果越发将自我的无常作为贯彻的真理。随着每天不断变化的现实，他很快就能达成自己定下的目标：追求真爱的少年成了父亲与丈夫；梦想被夹道欢迎的

---

[1] 《艾那尼》，III, iv, *Tht*，第一卷，第585页。

将军之子成了头戴桂冠的艺术新潮领军者；想发扬文学揭示真理之力的小夏多布里昂成了积极质疑诗歌风潮的浪漫主义者。除了这种现实的变化，还有预料之外的变化需要融入他的自我：公共冲突；与他渐行渐远的母亲的保皇主义思想；让他想起父母磕绊婚姻的争吵。这些都发生在法国皇权被迫从波旁王室转移到奥尔良王室的大背景之下，新的君主必须在依靠革命来获取王冠的同时，坚称自己拥有历史合法性来维护皇权。

这些质变让雨果更加确信自己从青少年时期就有的直觉：今天的意义和明天的应许既不清晰也不稳定。他在自己的随笔中写道："这是对那些声称自己40年来从未改变想法之人的悼词，对这样的人来说，既没有日复一日的生活，也从未将自己有意义的想法应用到事实中去。[1]"如何正确地表达与研究这种灵活多变的想法成了他最基本的课题，也奠定了他最早两段文学多产时期的基础，有几部他最出名的著作便是在此期间问世的。由尊崇到质疑当下社会保守主义，他同时在书面与舞台上获得了成功。他肯定了自己艺术创新的权利，同时又可敬地质疑了历史与人性的本质。

在他不懈的追求中，他确信自己最贵重的两样财富就是"澄澈的良心与彻底的独立[2]"。他认为在任何价值都可

---

[1] CV（Juin），第一卷，第108页。
[2] 致不明收件人，1845，*crp*，第一卷，第625页。

商榷的世界里，只有这两样特质永不贬值。他脑海中的炮兵必须保卫它们，在尽力不让自己的作品流于形式的同时，找到自己的立身之本。然而，他逐渐明白，无论自己如何努力，他的某些命运之线注定成为一团乱麻，无法平整地交织在一起。

1823—1827：奠定地基

雨果的诗词中洋溢着对阿黛尔深沉的爱，倾吐着他心中的情感："正是你的目光照亮我漆黑的长夜。[1]"1823年7月，他们迎来了第一个孩子，取名为利奥波德（Léopold），以此纪念雨果将军。可惜，小婴儿体弱多病，不到3个月便夭折了。在孱弱的儿子仍在世之时，他曾在一首致已故革命女英雄玛丽-莫里尔·德·松布雷尔（Marie-Maurille de Sombreuil）的颂歌中祈求上帝："请不要收回你的光曾赋予的生命。[2]"利奥波德离世后不久，他又创作了另一首诗，描绘着浸润在"爱的洪流"中的光辉来生，然而，这一幸福的景象却夹杂着淡淡的自责之情：

---

1 《依然献给你》（Encore à toi），*OB*，V，xvi，第261页。
2 《松布雷尔小姐之死》（La Mort de Mademoiselle de Sombreuil），*OB*，II，ix，第127页。

啊！在那永恒之地，一切皆不凋零，

在没有苦涩胆汁的幸福溪流中，

孩子！远离了母亲含泪的微笑面庞，

你在天堂中岂不是孤苦伶仃？[1]

在单句颂歌的最后一个诗节中，诗人对上帝慈悲的颂扬在自身负担的沉重之下崩溃，流露出他内心深处的苦楚。对儿子未能尽到父职的隐秘自责，为初为人父的喜悦蒙上了一层阴影。这种将喜悦与痛苦融为一体的心理状态，更深刻地铭刻在他年仅 21 岁的心中。利奥波德是雨果最鲜为人知的孩子，但是他的早逝却举足轻重，继苏菲的去世和欧仁的精神崩溃之后，又是雨果在短短数年间第三次经历亲人的离去，他婚姻的起点也因此苦乐参半。《致一个孩子的影子》(To a Child's Shadow) 勾勒出雨果与悲痛拉锯的文学蓝图：既尝试着表达死亡对逝者至亲的打击，又为找到一丝安慰而探究虚无。重要的是，这两边缺一不可，缺少任何一方，情绪都将不再激荡。

起码在事业上，雨果正稳步前进。1823 年夏天，诗人埃米尔·德尚（Émile Deschamps）推出期刊《法兰西缪斯》（*La Muse française*），为雨果提供了一个虽短暂但崭新的平台。首期杂志刊载了他对沃尔特·司各特（Walter Scott）

---

[1]《致一个孩子的影子》(À l'ombre d'un enfant)，*OB*, V, xvi, 第 271 页。

新作《昆汀·德沃德》(*Quentin Durward*)的评论。雨果发现,通过学习司各特以历史小说焕新往昔的方法,便是他步入文学名流的绝佳机遇。若拉梅内向现代世界呼唤与大千世界的深刻连结,司各特则更注重从现实视角,加强人与历史的亲密对话。《韦弗利》(*Waverley*)(1814)及其后续系列作品大受欢迎,在法国书店、剧院甚至时尚圈中都出现了"司各特热潮"。雨果曾在那年稍早出版的《冰岛凶汉》(*Hans of Iceland*)中尝试过这一方法。这部融合了中世纪征途、哥特恐怖和情感戏剧的作品,叙述了17世纪挪威一对年轻情侣的爱情故事,他们的情感纠葛与政治权谋和社会动荡交织在一起。这部小说中,他对一些新话题的兴趣浮出水面,例如不公、自由与反抗之间的关系以及人性的残暴,标题中令人难忘的嗜血侏儒的名字正象征了这一点。不过,这本书更像急于求成的第一步,而非惊世骇俗的首秀。小说更多展现出爱调侃的旁白忙着戏谑地模仿所融合的众多文体的夸张之处,而非注重人物的刻画深度。

司各特的作品为这位文学新手上了一节引人入胜的现代散文史诗课,其中历史与人之间的密切联系与雨果在1822年《颂歌》序言中所提到的观念颇为相似。他赞扬司各特赋予历史生命,并为这个先前被感情主义和哥特风格所主导的文学形式开辟了新天地。雨果声称:"没有任何一位小说家能像他那样,在更大的魅力之下隐藏更多的启示。[1]"司各特证明,小说可以做的不仅仅是满足对廉价的感情主义和暴力故事的渴求,它完全能够在不牺牲描述力的同时,展现更多。他的小说通过人类情感和个体经历的视角审视历史,探索时间和地点的偶然性塑造生活的方式。它培育了一种历史意识,能够跟上社会变化的速度,同时不失对过往多样性的洞察。雨果对司各特的评论为小说树立了一道高标准,同时也是他常用修辞手法的早期体现:首先认可某种卓越的成就,然后提出如何让其进一步大放异彩,并作为后继者身体力行将其发扬光大。他认为司各特并没有彻底激发历史小说的所有潜力,尽管"他至少已经开辟了前进的道路[2]"。然而,这条道路最终将通向何方,仍是未知之数。

19世纪20年代的文学争论为深入探讨更实质性的理念提供了必要环境。这些争论涉及坚持**贵族风格**(style noble)和**适宜性**(bienséance)的古典主义者,以及倾向于更自由表达方式的浪漫主义者。由于法国深受其编定的新古典主义传统的影响,由法兰西学术院强制推行,使得浪漫主义在法国比在英国或德国晚熟得多。"浪漫"这个词最初在17世纪是贬义,用来指代中世纪浪漫文的幻想性质(之所以称为浪漫文,是因为它们用从通俗拉丁文而非古典

---

[1] 《文学与哲学杂论集》(*Littérature et philosophie mêlées*),Phil,第一卷,第116—122页。
[2] 雨果原文参见儒尔·马尔桑(Jules Marsan)编,《法兰西缪斯 1823—1824》(*La Muse française 1823-24*),巴黎,1907,第33页。

拉丁文衍生的浪漫语言编写）。然而，到了 18 世纪末，它开始被积极地用来形容自然的花园和景观。这些与非正式相关联的含义使得"浪漫主义"成为反对新古典主义的标志。它们倡导自然生长和无拘无束的创造，与新古典主义那普遍化和不变的道德观相对立。

雨果最初并不愿意卷入这场文学争端，他在 1824 年初版《颂歌》的序言中表明了自己不愿选边站队的态度。他呼吁同代诗人们效仿荷马、维吉尔、但丁（Dante）和弥尔顿（Milton），为社会的进步点燃前行之光，而不是点燃争端的导火线，挥舞着古典主义和浪漫主义的分裂旗帜。考虑到法国浪漫主义的第一波浪潮是在世纪之交由热尔梅娜·德·斯塔尔（Germaine de Staël）、邦雅曼·贡斯当（Benjamin Constant），当然还有夏多布里昂所引领，雨果的这种保持距离的态度显得有些奇怪。虽然他没有他们的贵族背景，但他的目标与他们的信念有着不止一点点的相似之处。这些作家担心后革命时期的法国会步古罗马的后尘，沦为腐败、混乱和专制的牺牲品。他们主张，法国文化应该转向基督教和中世纪思想的教导，关注神秘、自然奇观和审美乐趣，而不是古代世界关于一致性和统一性的经典原则。法国的文学和艺术形式需要扩大范围，来容纳情感和主观性，并在其特定的历史语境中体现国家的个性。因此，法国文化有责任在智力和精神上启发国民，避免公众舆论被低级本能操纵。

联想到雨果充满家庭与军事冲突的童年,他对纷争持有保留态度是可以理解的。此外,他还要考虑到家庭,特别是阿黛尔再次怀孕的事实。对于雨果和其他为《法兰西缪斯》撰文的诗人来说,他们的挑战在于如何在 1789 年《人权和公民权宣言》(Declaration of the Rights of Man and of the Citizen)颁布之后,以一种在思想上和道德上皆可被接受的方式促进法国的精神发展。维也纳国会(1814—1815)不说强化也至少恢复了拿破仑的欧洲君主制,但是欧洲大陆对法国大革命自决原则的向往日趋明显,各国王权未能充分认识到这些权利也变得越发显而易见。这种紧张的关系在 1820 年的西班牙、葡萄牙和意大利引发了一系列起义,并因随后的希腊反奥斯曼帝国独立战争而进一步加剧。

正是在这场战争中,拜伦勋爵在 1824 年春与希腊人并肩作战时去世。拜伦立即成为幻想破灭的一代人心中的烈士。他们认为 1814 年的《宪法》通过《法国宪章》的权利法案将权力集中在了老一辈人手中。雨果在一篇措辞谨慎的文章中哀悼了这位"高贵的诗人",该文章只使用了一次"浪漫"一词,但几周后他在回应中发表声明,称自己内心是一个浪漫主义者,他偶尔使用的代词"我们"出卖了他内心真正的同情所在[1]。1825 年 4 月,他和拉马丁都被授予荣誉勋章,并应邀参加查理十世(Charles X)的加冕

---

[1] 参见让-马克·霍瓦斯,《维克多·雨果:流亡前 1802—1851》,巴黎,2001,第 277—278 页。

礼——查理十世在他的兄弟路易十八去世后登基。但是当查理十世转向反动保守主义,尤其是当夏多布里昂被赶出外交部,而雨果将军本人也无缘获得荣誉军团勋章时,维克多越发疑虑。他与父亲逐渐缓和的关系令他在关键时刻更偏向雨果将军的政治观。

雨果还与夏尔·诺迪耶(Charles Nodier)成为朋友。夏尔·诺迪耶每周在他担任图书馆管理员的巴黎阿森纳图书馆举行聚会。年长的诺迪耶与雨果分享了他对浪漫主义的造物主莎士比亚(Shakespeare)的激情。在经历了几代人对他随性混合不同古典风格的批判之后,莎士比亚的悲喜剧终于在法国夺回了它们的地位。诺迪耶还陪同雨果参加了查理十世在兰斯举行的加冕典礼,此后,他们的团队沿着法瑞边境来到里昂。诺迪耶的历史知识令当地的地标在雨果心中栩栩如生,提醒了雨果保护历史、以史为鉴的重要性。最重要的是,他在阿森纳的周日沙龙开始召集作家、艺术家、新闻工作者和哲学家,包括志趣相投的诗人,例如拉马丹、维尼和德尚兄弟。这些沙龙为雨果提供了一个新的论坛,用以检验他的想法并获得工作上的支持。他从母亲那里继承的旺代地区的坚定精神和从父亲那里继承的战斗智慧,即将转化为他的强大武器。

随着1826年到来,雨果着手整理早期的作品,以明确自己的创作方向。他首先重新修订了自己在1820年写的一则短篇小说《布格-雅加尔》(*Bug-Jargal*),将其改成长篇。该小说聚焦于1791年的海地奴隶起义,这是个恰逢其时的选题:几个月前,这个前法国殖民地圣多明各被承认为独立的国家海地。这部小说的叙述者是一位年轻的陆军上尉利奥波德·德奥维尔尼(Léopold d'Auverney),他向步兵们回忆自己在起义期间如何被一个名叫皮埃罗(Pierrot)的奴隶所救。皮埃罗实际上是布格-雅加尔(Bug-Jargal),一个非洲皇室后裔。他谴责了其他叛军奴隶领袖的暴行——这些领袖中尤以恶毒的比亚苏(Biassou)为代表——并最终献出自己的生命,拯救了他的同伴。

这部小说容易被贴上一些标签,有人可能将其看作是当时惊人的自由主义背景下,对种族包容的革命性呼吁,或者认为它是对殖民主义陈词滥调的简单回收利用,理想化了高贵的野蛮人形象,同时贬低了暴力的奴隶大军。这两种解读都过于简化了这部小说的复杂性,而这些复杂性反映了雨果利用想象力来突破自我的尝试。比亚苏的残酷和布格-雅加尔的高贵形成了鲜明对比,前者挪用1789年的言论来激起仇恨,后者则是和平主义的高贵化身。从这种对比之中,不难发现反革命的复辟立场。布格-雅加尔对比亚苏说:"如果我们灭杀妇女,割断孩子的喉咙,折磨老人,在他们的房屋中烧死殖民者,我们的事业就会更加圣洁,更加正义吗?[1]"对奴隶的压迫揭示了暴力和专制在社

---

1 *BJ*,第163页。

会秩序中既是系统性的,又是极端反秩序的。这些奴隶一方面深受德奥维尔尼的贵族恶叔叔之苦,另一方面也被比亚索的诡计迷惑,对他精心塑造的**祭司**哈比卜拉(Habibrah)迷信不已。小说的种族政治元素同样不稳定。对布格-雅加尔的崇高道德和强健体魄的描述将黑人男性渲染得远超常人,而叙述者对奴隶习俗的态度是困惑的,甚至是厌恶的。然而,这部小说对黑人英雄的尊重远超对白人叙述者的敬意,后者比读者要花更多的时间弄清现状,就连他的同伴也有些嫌弃他讲故事的能力。

这种敬意表明,雨果对蒙冤的边缘人与享有特权的内部人士都有着深刻的认同。布格-雅加尔和德奥维尔尼之间的兄弟情深体现了雨果对于超越种族界限,以人性光辉区别于邪恶与无知的浪漫主义英雄形象的向往。更进一步说,两位英雄对同一女性的爱恋和他们在小说最后一页的双双逝世,让人不禁想起欧仁,也暴露了一种焦虑:小说中解决家庭和政治冲突的唯一终极手段似乎只有死亡。这种模糊性以及对小说真实性的担忧让评论家们感到不满,直至今日,该书仍然隐匿在雨果后期作品的阴影之下。但是,从主题和结构上看,《布格-雅加尔》让雨果在叙事的过程中发现了一种有效的自我表达方式:作者无须刻意用权威或自我肯定的声音去传达内容。

他渴望自己的作品拥有自治性和真实性,这一点明显体现在他的新版《颂歌与民谣》(*Odes and Ballads*)中。在这本诗集里，他不仅仅局限于传统的亚历山大诗体，还尝试了更自由的文艺复兴时期的八音节和七音节诗体。亚历山大诗体的稳重十分契合他向拉马丹致敬的一首新诗（"诗歌的激流自你胸中涌出！"）[1]，但像《鼓手的未婚妻》（Timbalier's Fiancée）这样更轻快的诗歌则提供了灵活多变的想象空间。在新序言中，雨果区分了颂歌和民谣，认为颂歌是深情凄婉的，而民谣是天马行空的。颂歌的伶俐为诗人的亲身经历注入了古典智慧，而民谣则是一种更富幻想的抒情诗，让人回归到中世纪吟游诗人和口口相传的文化传统。只要艺术家更关注世界的本质变化而非传统规范，两种诗体就不矛盾。在承认"浪漫主义"这一术语起源的同时，雨果将这种自由比作新世界森林中的自然秩序，而不是凡尔赛宫那经过精心设计的园林。他也没有忽略该论点的政治影响："在政治抑或文学中，秩序与自由完美匹配，甚至可以说秩序是自由的结果。[2]"虽然他拒绝被冠以浪漫主义的头衔，但是他的不安更多源于定义的固化，而非浪漫主义本身的立场。

直到1827年，作为新生代的发言人，雨果的声音才响彻云霄，变得不容忽视。裹在保守的保皇派的袍子中令人窒息，因此他便换上了剪裁更合身的新装。他的颂歌《铜

---

1 《致阿尔丰斯·德·L先生》（À M. Alphonse de L），*OB*，第三卷，i，第137页。
2 序言，1826，*OB*，第26页。

柱颂》（To the Vendôme Column）于 2 月刊登在《日刊杂志》（*Journal des débats*）上，该杂志愈发怀疑查理十世对法国宪法的态度。这首诗迅速回应了当时在奥地利大使的接待宴上，拿破仑的 4 位元帅的皇室称谓均未被介绍而引起的争议。正如许多帝国的孩子一样，雨果认为这不仅是对国家，也是对个人的侮辱。重要的是，这使他能够合理化他的早期保守主义（及其国家的保守主义），作为迈向更广阔前景的第一步，而非定义他的出身。诗中，他谈到自己为纪念奥斯特里茨战役历史性胜利的巴黎旺多姆广场纪念碑而自豪，又为外国势力诋毁法国荣誉而愤慨。最后一小节呼吁他的"兄弟们"向他们的血统致敬："我们都是在营地那连排帐篷边长大的孩子。[1]"尽管拿破仑的征程已经结束，但这些"被逐出天际的小鹰"仍可用七弦琴而非利剑为国而战。这首颂歌表现了孺慕的赞美和对欧洲君主制的挑战态度，证实了他理解他这一代人的挫败感和他们对更大主权的野心。

4 月，他搬到了巴黎第六区的圣母院街。他和阿黛尔如今有了一个近 3 岁的女儿利奥波迪娜（Léopoldine），一个 5 个月大的儿子夏尔（Charles）。这次搬家不仅为他不断壮大的家庭提供了一个花园，也为他的追随者提供了新的聚会场所。那年秋天，浪漫文社（Romantic Cénacle）在雨

---

[1] 《铜柱颂》（À la colonne de la Place Vendôme），*OB*，第三卷，vii，第 172 页。

果和评论家夏尔·奥古斯丁·圣伯夫（Charles Augustin Sainte-Beuve）组织的聚会中诞生了。雨果是在读了圣伯夫对《颂歌与民谣》的好评后才找到他。在接下来的3年里，这个小圈子的年轻成员包括奥诺雷·德·巴尔扎克（Honoré de Balzac）、阿尔芒（Armand Bertin）和露易丝·贝尔丹兄妹［他们的父亲经营《辩论报》（*Journal des débats*）］、大仲马（Alexandre Dumas）、泰奥菲尔·戈蒂耶（Théophile Gautier）、阿尔弗雷德·德·缪塞和热拉尔·德·奈瓦尔（Gérard de Nerval），以及艺术家欧仁·德拉克洛瓦（Eugène Delacroix）、德维里亚（Devéria）兄弟和雕塑家大卫·德昂热（David d'Angers）等。这是一个强大的阵营。

文社的集结号在雨果的一篇新文章中吹响。这篇文章后来成为他最重要的文评之一。去年夏天，他开始撰写一部关于奥利弗·克伦威尔（Oliver Cromwell）的戏剧。克伦威尔作为依靠民众支持以求政治合法性的弑君者，成了法国大革命后历史的象征。但是这部剧臃肿的篇幅［是拉辛《费德尔》（*Phèdre*）的4倍］意味着将它搬上舞台是不切实际的，也让雨果与舞台一如既往有缘无分。5年前，他的情节剧《伊尼斯·德·卡斯特罗》（*Inez de Castro*）终于被全景剧院接受，但剧院在开演前关闭了。他尝试对司各特的《凯尼尔沃斯》（*Kenilworth*）（1821）的合作改编也半途而废。雨果及时止损，在1827年底出版了《克伦威尔》(*Cromwell*)，并作了一篇长序。这篇序言迎合了当下对艺术自觉的呼声，获得了圣伯夫在《环球报》(*Le Globe*)上的文章支持而广受欢迎。这也缓解了该剧未能上演带来的问题。据戈蒂耶称，它对文社的震动就如上帝授予摩西《十诫》一般震撼[1]。

确切地说，《克伦威尔》序言的孕育过程并非如《十诫》石碑那样单向而偶然。18世纪以来，新古典主义对对称与规整的偏好一直受人诟病，这很大程度上源于德国文学和音乐创作领域的**狂飙突进运动**（Sturm und Drang）。继1823年司汤达（Stendhal）出版小册子《拉辛与莎士比亚》(*Racine and Shakespeare*) 之后，雨果的攻击虽指向一个已颇受挑战的对象，但他把握时机的机敏和坚定的信念使他的序言脱颖而出。他以笔为剑，主张浪漫主义时代的自由表达之魂不应被任何规矩或模板固化。其要旨在于使艺术富有诗意，而非理论化："我们并非在此构建一个体系。[2]"自然的永恒创造力是唯一标准。这一点必须通过将艺术家的思想转化为聚焦镜，凹镜也好，凸镜也罢，在艺术中既反映又探究。无论是"过时的古典主义"还是"虚假的浪漫主义"，都不足以赋予艺术家所需的广阔视野与深度洞察。

---

1 泰奥菲尔·戈蒂耶，《浪漫主义史》(*Histoire du Romantisme*)，巴黎，1874，第5页。
2 序言，《克伦威尔》，*Tht*，第一卷，第15页。

对雨果来说，亟须的不是一套新规则，而是在创作中享有无拘无束的自由，"这种自由并非出自亚里士多德（Aristotle）之手，而是历史赋予的许可[1]"。戏剧应模仿并探索生活的自然波动，而不是将这些动态冻结成某种永恒的道德秩序。即使所谓文雅、高贵的语言可以运用到舞台上，并且完美契合亚里士多德的时间、情节和地点的整一律（在一天时间中，在同一地点，只能有一个情节展开），但是人类不断扩展、延续的经历无法仅通过这一种语言来表达。人生如戏，变幻无常，无法仅用有限的元素来结构化，雨果认为，艺术应围绕着崇高与怪诞两极展开。

艺术必须摒弃新古典主义道德与美学的等级观念，接受这些对立面的有机互动。"真正的诗歌，完整的诗歌，置身于和谐的对立之中……一切相吸又相斥，如同现实本身。[2]"在雨果看来，这种戏剧性质是基督教的核心所在。基督教神学通过肉身的暂时性与灵魂的永恒性揭示了存在的"双重基础"。这一观点在扰乱而非僵化对立面的界线的作家身上得到完美体现，如诅咒与救赎（但丁和弥尔顿等诗人），乏味现实与奇趣幻想［拉伯雷（Rabelais）和塞万提斯（Cervantes）等作家］以及悲剧与喜剧（尤其是莎士比亚）。这些作家挑战了高下尊卑的传统观念，为创作提供了更本真的理念。

---

[1] 序言，《克伦威尔》，*Tht*，第一卷，第 45 页。
[2] 同上，第 23 页。

序言对价值等级的漠视同样也具有直接的社会影响，这与莎士比亚戏剧在伊丽莎白时代将国家社群团结在一起的良好形象息息相关。如果崇高与怪诞能够互通，互换，如果丑陋亦可化为美丽，反之亦然，那么高雅文化与平民娱乐就不必水火不容，古老的双层戏剧文化也无须再维持。悲剧、喜剧和歌剧等既定类型，以及情节剧、歌舞杂耍和童话等流行模式，都可以相互融合，让创作更多样，吸引更广泛的观众。创作的目的不是向观众布道，像某些情节剧那样教化观众，也不是像经典戏剧那样提供具有启示性的解决方案，而是要提供一种广泛的体验，可以激发而不是规定观众的想法和感受。"艺术赋予我们翅膀，而非拐杖。[1]"

1828—1831：得胜凯旋

观众的口味尚未准备好接受雨果由理念付诸实践而创作出的作品。他改编的《凯尼尔沃斯》于 1828 年 2 月上演，命名为《艾米·罗布萨尔》（*Amy Robsart*），服装由德拉克洛瓦设计，这部剧介绍了他的戏剧标签：人类激情在缺乏神圣天命时的作用；通过宏伟的舞美体现对当地色彩和历史细节的重视；将道德价值观从传统的社会定位中抽

---

[1] 序言，《克伦威尔》，*Tht*，第一卷，第 31 页。

离，出身低下的人可能拥有高尚的品质，而贵族也有低俗的欲望。尽管如此，该剧将滑稽怪诞的演员叽喳（Flibbertigibbet）[1]（迄今雨果起过最活泼的名字）塑造为一个勇敢的人物，并保留了小说中女主角谋杀的情节，这在过长的戏剧中显得过于沉重，尤其是考虑到之前的三部法国改编作品都柔化了司各特的悲剧结局。

阿西尔·德维里亚（Achille Devéria），《维克多·雨果》（*Victor Hugo*），1829。阿西尔·德维里亚和他的弟弟欧仁·德维里亚（Eugène Devéria）都是1820年代末雨果浪漫文社的成员。

---

1 原意为轻浮之人、饶舌之人。（译者注）

1828年的开端是艰难的。雨果将军上个月的去世留下了"巨大而深刻的空白[1]"。在处理父亲的遗产时,雨果发现利奥波德与苏菲的信件,其中包含了有关她不忠的内容。在舞台艺术上受挫且处于悲伤之中的他,通过诗歌和小说重新找到了自己的定位。将军的去世使他与青年时期的自我划清了界限,这在他再版的《颂歌与民谣》中尤为明显,其中发表了迄今为止他最有代表性的几首诗歌。在接下来的一年里,雨果在持续思考如何成为现代诗人的同时,不断探索想象力的维度。

《东方集》(*Les Orientales* 或 *Orientalia*)强调了他对艺术应传达务实信息的难以认同。拜伦的诗歌普及了浪漫的中东东方形象,其去世激发了对希腊独立的支持,但雨果在序言中宣称《东方集》是一本"纯粹出于诗意的不必要之作"。如果鹰派的读者对这个警告置若罔闻,那么他们无须过分聚焦于其中的细节:雨果对布瓦洛《诗的艺术》的猛烈抨击,以及偏好明显的对"老虎"阿里帕夏(Ali Pasha)[2]和"狮子"拿破仑的比较,表明了抵抗当前法国政权价值观的明确意图〔由赞美拿破仑的诗作《他》(Him)所印证〕。然而,这些依据构成了更具艺术性的动机。雨果强调"诗人无须清算。他在这个伟大的诗歌花园

---

1 《致维克多·帕维》(To Victor Pavie),1828年2月29日,*CRP*,第一卷,第446页。
2 穆罕默德·阿里帕夏(1769—1849),奥斯曼阿尔巴尼亚统治者,因现代化和法律执行力获得了拿破仑那样的声誉,创立了现代埃及。

将你松绑,那里没有禁果",也是在这片花园里,他自由穿行于游牧民族、异国风情和激烈的叛乱之间。

《东方集》证明雨果已经超越了古典诗体的套用。他的诗歌技艺精湛,其丰富的画面,奇幻的旅程和乐感让读者目眩神迷。这一系列反映了浪漫主义对中东的兴趣,将其作为一种让艺术走出可识别形式的具象空间并且更能自给自足的非传统表现手法的刺激。雨果具有如画般的暗示而非示范的力量,带来了一种不那么理性、更本能的体验。他开启了一场感官之旅,不仅仅通过视觉和文字来理解意义。他还通过使用不熟悉的词汇,如《纳瓦里诺》(Navarino)中的无数船只,例如凤尾船(来自威尼斯)和快帆船(来自葡萄牙),以及不时混合格律的新颖结构与利用叠句的循环特点拓展了诗歌的疆域。

《东方集》最著名的诗歌也是其最具表现力的作品之一。在《神灵》(The Djinns)中,一群神灵(伊斯兰神话中的超自然生物)在夜深人静时造访了诗人的住处。在15段押韵的诗节中,诗的节奏由开始的双音节逐渐加强至中段的十音节,再缓缓回落。这种视觉和听觉效果比单纯的描述能让人更直观地感受到被围困诗人的心情:正如喷火的精怪在抛弃天空之前遍布整个夜空,文字在页面中弥漫,然后在声音的累积与消散中撤离页面。静谧("围墙、古城/与海港")让位于恐怖("一大群可怕的吸血蝙蝠和龙!"),最后又归于静谧("我侧耳细听:/一切逃之夭夭")。这首诗就像过山车，令读者头晕目眩，而这一切不过是源于诗人的奇思妙想而已。

这批诗作于1829年1月面世，也就是《死囚末日记》（*The Last Day of a Condemned Man*）问世前的一个月。与《东方集》不同，这部短篇小说叙述了一个无名男子在被处死前的最后时刻。小说虽然有着更明显的目的，却依然通过文学的力量激发情感，远离简单的公式化或浅显表达。这部作品加固了雨果作为法国反对死刑最强音之一的地位，它的影响力横跨一个半世纪，甚至在1981年法国废除死刑时，被时任司法部长罗贝尔·巴丹特尔（Robert Badinter）引用。

《死囚末日记》关注的是死囚的人性，而非是否有罪，因为他从未喊冤。因此，小说的人道主义关怀不能脱离其文学课题，即如何最好地表现叙述者饱受折磨的绝望意识。这也是为何陀思妥耶夫斯基在经历了1849年底模拟处决的恐怖之后想起了这部小说，也正是为什么将它与阿尔贝·加缪（Albert Camus）的《局外人》（*The Stranger*）（1942）相提并论[1]。死囚的匿名性和第一人称叙述使他的困境既具普遍性又具个性化，如同他所说的"按分钟、按小时记

---

[1] 比如，参见伊芙·莫里西（Ève Morisi），《将痛苦化为纸上文字：维克多·雨果的新废奴诗学》（Putting Pain to Paper: Victor Hugo's New Abolitionist Poetics），载《死刑：文学与国家杀戮》（*Death Sentences: Literature and State Killing*），比尔特·克里斯特（Birte Christ），伊芙·莫里西编，牛津，2019。

录的我的苦难日记[1]"。小说不到100页,却有近50个短促的章节,辅以简明的文字,这种结构传达了叙述者那种几近幽闭恐惧的彷徨,令他陷入身心痉挛般的痛苦之中,不得喘息。无情的监狱生活和等待行刑的狰狞人群被同等详细地描绘,就如同他噩梦般的幻觉——看到被斩首的头颅和死后等待他的黑暗深渊。《死囚末日记》既是政治声明,也是一部心理剧,它所透露出的异化感暗示着可能笼罩在雨果自身心灵之上的不祥阴影。

诗歌和散文上的这两项成就为雨果赢得了广泛赞誉,但他知道,要引领当时的文坛,他还需要在戏剧上取得相似的成功。他必须在自路易十四(Louis XIV)以来法国文坛的黄金时代中占据一席之地。1829年2月,大仲马以其散文剧《亨利三世》(*Henri III*)成为在著名的法兰西喜剧院第一位上演作品的浪漫主义作者,雨果意识到自己必须迅速行动起来。他将《黎塞留治下的决斗》(*A Duel Under Richelieu*)写成一部韵文剧,以此将新古典主义的五幕剧结构现代化。该剧讲述了高贵的女主人公试图为她的两个情人争取特赦,他们因违反禁止决斗的王室命令而身陷困境。这部剧得到了文社和法兰西喜剧院导演泰勒男爵(Baron Taylor)的喜爱,后者担心如果剧院不随时代进步,

---

1 《死囚末日记》(*Le Dernier jour d'un condamné*),*Rom*,第一卷,第633—634页。

将失去观众。泰勒确保了剧作的上演权,却被查理十世的审查员禁止了,因为该剧将路易十三(Louis XIII)描绘成一个软弱的君主,而首席大臣红衣主教黎塞留(Richelieu)则篡夺了他的权力。内政部长试图用3倍年金来安抚愤怒的雨果,但他拒绝接受。嘲讽现任国王并非雨果的初衷。圣伯夫通过媒体将这个故事传开后,雨果就更像他这一代的封面人物了:传统压着他摧眉折腰,原则却令他绝不低头折节。

青少年时期养成的坚定品格如今展露在公众面前,雨果迅速调整重心,创作了《艾那尼》。该剧被法兰西喜剧院接受,定于2月首演,主演是法国戏剧界最著名的明星之一马尔斯(Mars)小姐。该剧的西班牙主题与皮埃尔·高乃依(Pierre Corneille)的17世纪悲剧《熙德》(*Le Cid*)相呼应,后者在某种程度上违背了古典三一律,使雨果免受担忧其剧作可能诽谤法国历史的批评者的关注。他担心在这个仍是传统堡垒的剧院中,无法依赖常规的掌声托儿,因此他动员了文艺沙龙的支持者来代替他们,许多支持者在首演时特意穿着古怪,以此标榜自己不墨守成规。

1830年2月25日,这些年轻的浪漫主义者与古典主义者发生了激烈的冲突,嘘声、扔东西和肢体冲突此起彼伏。在接下来的几个月中,**艾那尼之战**一再上演。尽管《艾那尼》中年轻男女的虐恋剧情颇落俗套,但形式上它是对新古典主义的蓄意挑衅。从结构上看，该剧没有表现出地点或时间的统一：从萨拉戈萨到阿拉贡山脉，再到艾克斯拉夏贝尔，整个故事持续了几个月。在视觉和空间层面上，雨果以充满活力的布景增强了舞台的戏剧性，而非分散注意力，消除了新古典主义对奇特**场面调度**的焦虑。演员们穿着画家路易·布朗热（Louis Boulanger）设计的华丽服装，展现场景的当地特色。在排练过程中，雨果指示他们忽略古典训练中控制动作幅度的要求，通过自由的动作，并充分利用皮埃尔-吕克-夏尔·西塞里（Pierre-Luc-Charles Ciceri）的奢华布景设计，迸发出更澎湃的激情。

最令人反感的是雨果对**贵族风格**的拒绝。他的作品更像诗，而非韵文，自由奔放，无拘无束，并着意打乱法国韵文常见的有序节奏，挑战君主政体的矫饰语气。该剧的开场就用了当时不允许使用的跨行连续，让对话不那么生硬。第一幕的第二场尤其体现了该剧对新戏剧标准的坚持。唐·卡洛国王（King Don Carlos）躲在橱柜里的滑稽景象和他的粗俗台词"该死，我要走了！"虽然不符合君主的形象，却与其角色刻画相符。最终艾那尼和唐妮娅·素儿在悲惨结局中共赴黄泉，对于振奋的观众来说，英雄因对情人未婚夫的承诺而自杀这一点并不重要。情节的真实性次于人物情感的可信度。尽管批评者大多谴责艾那尼愚蠢且自负，但门票大卖让雨果在夏天还清了债务。雨果反思道："古典派本想对我们出手，然而，多亏朋友们的支持，他们在《艾那尼》面前无功而返。[1]"

《艾那尼》所唤起的对更大自由的追求,很快就在街头巷尾变得显而易见。3月中旬,221名代表对固执己见的查理十世进行了不信任投票,让局势紧张起来,最终导致了七月革命的"光荣三日"。雨果认为,查理和他的政府由于未能适应时代而自食其果[2]。七月王朝在奥尔良公爵路易-菲利普(Louis-Philippe)的领导下开始。作为查理的表亲,且支持君主制改革的路易-菲利普钦慕英国的君主立宪制,并希望走一条介于绝对君主制和民主之间的**中庸之道**(juste milieu)。实际上,这意味着只有最富有的中产阶级公民才能在"资产阶级君主"的统治下拥有选举和政府的话语权。

自《克伦威尔》序言面世以来的两年多时间里,雨果深知革命思想需待时机成熟方能开花结果。更加开放的君主立宪制似乎是带领法国前进的最可靠的管家,因此,雨果在稳定而非不受控制的进步方面犯了错误,他私下预言道:"总有一日,我们将拥有共和国,但切莫匆忙,在八月才熟的果实不宜在五月摘取。[3]"他对此的公开回应是,发表了一首诗赞颂那些继承了先辈衣钵的七月革命者们:"你们真是先辈的子弟!……砸碎身上的锁链,你们只要3天

---

1 《致保罗·拉克罗瓦》(To Paul Lacroix),1830年2月27日,*CRP*,第一卷,第467页。
2 《致阿道夫·德·圣瓦尔里》(To Adolphe de Saint-Valry),1830年8月7日,*CRP*,第一卷,第476页。
3 《致圣伯夫》(To Sainte-Beuve),1832年6月12日,*CRP*,第一卷,第509页。

维克多·雨果,"亲爱的朋友,我不是浪漫主义者"(My dear man, I am no Romantic),约1830—1840。这幅漫画取笑了反对浪漫主义艺术兴起的自负的古典主义者。雨果经常画这样的漫画,尤其是为了逗自己的孩子们。

就成。[1]"这是一个早期迹象:相比曾经那个反革命保皇党的少年,此刻的雨果更愿意看到集体武力的优势。他将革命比喻为维苏威火山的喷发,赋予革命的浪潮一股势不可当的自然湍流的气势。

---

1 《1830年7月抒情》(Dicté après Juillet 1830),《暮歌集》,i, *Pse*,第二卷,第185页。

与此同时，还有件不那么令他激情澎湃的事，即要为出版商查夏尔·戈斯兰（Charles Gosselin）创作下一部小说。雨果总是固执地忙碌着。家庭生活也占据了他很多时间：他现在又多了两个孩子，小维克多（Victor）和小阿黛尔（Adèle）。被阿黛尔拒之床外令他心神不宁。经过5次妊娠，与法国文坛新星结婚8年后，阿黛尔身心俱疲，希望和雨果保持距离。然而，在接下来的一年里，圣伯夫向雨果坦白之后，雨果明白了阿黛尔冷淡背后的另一个原因：她和他的朋友变得非常亲密，两人彼此产生了感情。在出版商的压力和妻子的拒绝下，雨果把自己锁起来写承诺的小说，于次年3月得以出版，这让戈斯兰松了一口气。

《巴黎圣母院》让雨果在欧洲声名大噪，以15世纪末的巴黎为背景，将情节剧和中世纪历史融为一体。这是他到当时为止篇幅最长的小说，让他的想象力在更广阔的疆土上驰骋，也展现了他在《艾那尼》中所展露的文采和感染力。他利用自己的闲暇经历，引领读者穿梭在巴黎圣母院的内部、周围和顶部，运用多种视角，通过光与暗的对比，展示了他对情感的诗性理解。这是一场激动人心的表演，从黑暗私密的室内到激情澎湃的室外，比如巴黎圣母院外皇家卫队、巴黎流浪者和大教堂的驼背敲钟人卡西莫多（Quasimodo）之间的夜间激战。这种视觉冲击在一定程度上解释了为什么这部小说能够近20次被搬上银幕，其中包括1996年迪士尼（Walt Disney）的动画电影。

从个人的激情到社会的弊病,《巴黎圣母院》涵盖了丰富的主题。为了进一步挖掘小说的哲学与历史学的潜力,雨果将这些意义囊括到一个词中。旁白说这个故事是关于一件事——**命运**(anankè)。他在简短的前言中,声称自己在大教堂其中一座钟楼内发现了这个刻在墙壁上的希腊词语。对于巴黎圣母院的副主教克洛德·弗罗洛(Claude Frollo)来说,死亡不可避免,必须顺其自然,正如他在看到一只苍蝇被蜘蛛网缠住时的坚持。这种强调必然性的世界观在道德和社会上都具有深远影响,它来自一位坚信人性罪恶的天主教牧师,以及路易十一(Louis XI)统治末期的15世纪。路易十一的诡计多端让他作为"万能蜘蛛"被历史铭记。然而,在小说中,国王卫队队长和教会主要代表都犯了道德上的错误,而国王的治安官既充耳不闻又充满怨恨,法律和秩序的机制被颠覆,对是非的固有安排也被推翻。这种对确定性的质疑促使人们对命运进行更加复杂的解读,正如蜘蛛网所象征的那样。就像弗罗洛自己总结的,蜘蛛织出了精巧的网,而苍蝇过于专注于阳光,看不到危险。从这个角度来看,命运是交织的势,正如这一画面所象征的,但它既取决于个人的欲望,也取决于无法控制的环境。

命运与意志之间的拉锯构成了小说的戏剧基础。年轻貌美的吉卜赛女孩艾丝美拉达(Esmeralda)是巴黎丐帮的一员,然而她的命运却与三个男人的命运缝合在一起。与此同时,这些缝线逐渐崩开,因为他们最初的人设并不牢固，而他们原本的人生轨迹也因此偏离了预设。艾丝美拉达并非生来就是吉卜赛边缘人，在戏剧性地揭开自己过去的过程中，她发现自己竟有法国血统。表面彬彬有礼的骑卫队长浮比斯（Phoebus）实则肤浅，他有意利用了艾丝美拉达少女时期对他的迷恋，而虔诚的弗罗洛则心怀肉欲，为此陷入痛苦而精神崩溃。两人的双面行为对艾丝美拉达造成了巨大的伤害。相比之下，卡西莫多只想保护这位波西米亚女子，因为她在他因企图绑架她而被公开鞭打时向他表现出了同情（绑架则是其主人弗罗洛的命令）。

丑怪的卡西莫多却成了崇高的化身：一个独眼的人形怪物，却发现自己不必像周围的石像鬼那样非人地活着。他的拉丁语名字是"仿佛"（as if）和"模式"（mode）的组合，对于一个在身体和道德上都被视为有缺陷的人来说是一个贴切的称呼，然而，畸形的身体和卑下的地位却支撑着最温柔和无私的角色。他年仅20岁，意味着他的视野远超出他最初的认识（这也是向文社暗示，他们的时代已经到来）。艾丝美拉达对他的同情唤醒了他对自身人性的认识，使他在感受到情感的丰富性时对石像鬼哀叹："哦，为什么我不像你们一样是石头！"[1] 他在大教堂庇护所中保护她的勇气和智谋，以及在小说悲剧高潮后的沮丧，重新勾勒了美与善的传统轮廓。他是如此深入人心，许多人甚至

---

1 *NDP*，第 372 页。

将卡西莫多视为小说的主角。1833 年,弗雷德里克·肖贝尔(Frederic Shoberl)将其英文译本命名为《钟楼怪人》,该译名经常出现在其他翻译和改编作品中。

雨果为这本小说取的标题,以及他对英文版的不满,证明他心中真正的主角是卡西莫多称之为家的中世纪大教堂。大教堂象征着他这一代人的开放性。雨果对它的喜爱与宗教无关,尤其是小说中弗罗洛的天主教教条是造成主要人物不幸的主要原因。《巴黎圣母院》具象化了《克伦威尔》序言中提出的**体裁融合**,旨在包容更广泛的艺术和民族身份观念。如果说卡西莫多是浪漫主义感性的人形化身,巴黎圣母院就是这位怪人的建筑伙伴。他们共同挑战了命运一成不变的概念。两者都具有不确定、未完成的特性,这在雨果看来是创造力的先决条件。

对于审美纯粹主义者来说,圣母院可能是丑陋的,他们会哀叹它混合了罗马式和哥特式的风格,同样的,那些想要将公共领域世俗化的非信徒也不待见它。然而,雨果相信,通过"不同风格的连续焊接",大教堂体现了历史的多变性,重新定义了美和价值。在得出这一关键论点的几段题外话之一中,雨果告诉读者:"巴黎圣母院是一座不完整的、无法定义的,甚至不伦不类的纪念碑。"这座古老纪念碑的每一张脸、每一块石头都是一页书篇[1]。如果文学

---

1 NDP,第 127—129 页。

需要追溯历史的多变性和特殊性而不是将其标准化，过去的建筑就必须被保存下来，作为更好理解社会的教科书的一部分。如果要让民众摆脱无知和迷信，这是必须履行的基本义务。墨水和石头都是构成自我表达和自我意识行为的一部分。大教堂成了一股统一的力量。作者邀请读者在复活节时登上塔楼，目睹城市钟声的喧嚣，在"这座已变成管弦乐队的城市"中"齐声歌唱"[1]。作为城市中心的制高点，巴黎圣母院将一切不同或不和谐的元素全部连接了起来。

因此，雨果在1825年的一篇文章中宣称"向拆迁队宣战！"，并在《巴黎圣母院》后来的版本中加入了这一段。受诺迪耶的影响，加上他自己对拿破仑战争造成的破坏感到不安，他强烈谴责1789年后无神论的"理性崇拜"对圣母院等建筑的"破坏"以及类似的短视文化和经济行为。大教堂被剥夺了彩色玻璃窗和中央尖塔，还承受了其他的"残缺"，而雨果通过对中世纪历史的研究，在文中恢复了这些遗失的美。几年后，儒勒·米什莱（Jules Michelet）在他的巨著《法国史》（*History of France*）第三卷中写道，他本想讨论巴黎圣母院的，"但有人在这座纪念碑上留下了印记，就像一头狮子标记它的领地，以至于现在无人敢染

---

[1] NDP，第153页。

指¹"。用米什莱的话说，雨果的"诗歌大教堂"是如此风华绝代，令法国公众发自内心地想要保护这一历史遗迹，为欧仁·维奥莱-勒-迪克（Eugène Viollet-le-Duc）对大教堂的大整修（1844—1864）铺平了道路。雨果通过写作，助力重建了我们如今耳熟能详的全球最著名地标之一。

对雨果来说，《巴黎圣母院》还有更直接的影响，即为他提供了一个疏解婚姻问题的渠道。卡西莫多的孤独和弗罗洛的烦躁欲望显然是这位被冷落的丈夫的个人共鸣。他在给妻子的信中写道："没有你，这张你本可入睡的床，（即使你已将它弃如敝屣，可恶的女人！），这间卧室……对我来说是那么可悲和凄凉。²"艾丝美拉达少女时期对肤浅的浮比斯的渴望，可能也暗示着雨果在反省自己是否为了追求名声投入了太多，因为这位骑卫队长的姓氏夏多珀斯（Châteaupers）与他的文学英雄的名字相呼应。然而，他已经走得太远，无法回头。

随着七月王朝放松审查制度，《黎塞留治下的决斗》以新的标题《玛丽蓉·黛罗美》（Marion de Lorme）被搬上舞台。雨果选择与更贴近大众口味的圣马丁门剧院合作，但他的韵文戏剧并未完全引起习惯散文剧的观众的共鸣。然而，这部戏剧的序言充满了对未来的乐观，特别是在七月

---

1 儒勒·米什莱，《法国史》（Histoire de France），1837，电子书，巴黎，2016，第三卷，第4部分，第八章。
2 1831年7月17日，CRP，第一卷，第497页。

革命赋予艺术家和观众更大自由的背景下,那些"令人恶语相向的标签"——"古典"与"浪漫"——将不再必要[1]。他呼吁为莎士比亚寻找一位能力相当的法国继承人,他之于莎士比亚就像拿破仑之于查理大帝(Charlemagne),延续了传奇,以天才之力为国家带来新的辉煌。

雨果作为公众人物越来越厚颜而坦然,但是年底的《秋叶集》再次提醒读者,他的本职首先是艺术家。相比《东方集》,雨果在《秋叶集》中更着重讨论了社会的兴衰,而人心,作为世界更迭的晴雨表,是诗歌永远不可放弃努力去理解的对象。《秋叶集》从社会的物质变迁中抽离,转而向内心深处探索。它的书页仿若树叶般纷纷飘落,记录着诗人情感的周期,就像季节的更替。每年雨果一家都会去贝尔廷度假屋,这本诗集是在雨果第一次去那里度假期间完成的。坐落在巴黎西南部一个田园诗般的小村庄里,理诺士成了雨果新的斐杨底纳,在这里,大自然的治愈力安抚他焦虑的心灵:"在这里,灵魂沉思、倾听、崇拜、渴望,/同情世界,这个困窘而空洞的帝国。[2]"

自然的舒缓效果孕育了独特的新视角,让他通过诗歌领略到了既有形又无形的世界。尤其是第五首和第二十九首,表达了他的视线如何在他与大自然无尽变化的恳谈中,于表层与深层之间穿梭。《我从山上听出的声音》(What is

---

1 序言,《玛丽蓉·黛罗美》,*Tht*,第二卷,第 8 页。
2 《比耶夫尔》(Bièvre),《秋叶集》,xxxiv, *Pse*,第二卷,第 96 页。

Heard on the Mountain）描绘了一位诗人站在山顶上，聆听两种和声：来自海洋中大自然的呼唤，吟唱着永恒创造的奇迹；来自陆地上人类的低语，宣泄着因生命短暂又无常带来的忧郁、愤怒。最后一节呈现出一种比以往任何时候都更加放飞的心灵，去思考这个终极问题："我们为什么活在这世上？/在这宇宙万物的全部目标之后又会是什么希望？"虽然没有给出明确的答案，但诗的结尾中浮现出一种对欢乐和痛苦的直观理解，它们是源于同一种声音的、相互纠缠的言语。

因此，在《沉思的斜坡》（Reverie's Slope）中，他捍卫了诗人陷入自己的思维世界，在此沉沦并以此获取更深层知识的权利。他的思想从现实世界滑向一个看不见的领域，像河流退潮，落入一团人与地点掺杂在一起的乱麻，既有现在，也有过去，与清晰的视觉表现形成对比："笼罩在我周围的黑暗不久就变本加厉/天际隐没了，种种形态也都消失。"任何对这种经历的再现都必须依赖想象力，记录下"无形之外的不可言说"。为了呈现"时间与空间这双重海洋"的岸边，感受和观察缺一不可。事后的情绪就像这次探险本身一样多样："眼花缭乱，气喘吁吁，惶恐不安，惊讶得发愣。"这句话包含的复杂情绪呼应了这本诗集秋天的主题，泄露了雨果对他 20 多岁的光辉岁月正在消逝的恐惧。

1832—1835：步入黄昏

雨果在七月革命后已有所感，1832 年 6 月，社会动荡的火山再次爆发。由于成本上涨、里昂工人起义和巴黎霍乱爆发，人们对当权者**中庸之道**的不满情绪日益高涨。共和起义开始的那天，雨果正在杜乐丽花园工作。被这正在制造历史的场面所吸引，他走近了在邻近的莱斯哈勒地区爆发的战斗，但靠近其中一个路障时，他躲了起来。到了第二天晚上，这场动乱已经结束。路易-菲利普对起义的准备远胜于他的堂兄，但"所有这些血淋淋的疯狂[1]"令雨果想起了七月王朝未能解决的争端，这些争斗后来成为《悲惨世界》的主要章节之一。

年底，他的戏剧《国王取乐》（*The King Takes his Amusement*）遭到审查，从而与国王政府发生了正面冲突。这部韵文剧与散文剧《卢克雷齐娅·波吉亚》（*Lucrezia Borgia*）是在同一个夏季创作的。经历了《艾那尼》的争议和《玛丽蓉·黛罗美》不温不火的表现后，雨果期望在法兰西喜剧院和圣马丁门双丰收。他希望前者能接受悲剧的现代化，后者能提高大众情节剧的水平。《国王取乐》围

---

1 《致圣伯夫》，1832 年 6 月 12 日，*CRP*，第一卷，第 508—509 页。

绕一个名叫特里布莱（Triboulet）的宫廷小丑展开，他的女儿白朗雪（Blanche）被弗朗索瓦一世（François I）强奸，于是他不惜一切要向国王复仇。然而，仓促的准备和布景失误并未使首演之夜大放异彩。弗朗索瓦的虚荣和特里布莱对国王庭臣的侮辱——称他们为不忠之母所生——使该剧注定失败，因为有关路易-菲利普母亲忠诚度的流言流传已久。雨果从之前与审查机构的冲突中吸取教训，知道站在道德的制高点对他是有利的。就在上诉前几天，他发表了一篇序言，捍卫自己的言论自由权，并表达对七月王朝的倒退感到失望。尽管他的努力徒劳无功，但这次他放弃了所有的皇家年金。这一举动传达的信息很明确：维克多·雨果的操守不容践踏。

另一方面，1833年2月首演的《卢克雷齐娅·波吉亚》让雨果打了个翻身仗，取得了他一生中最大的戏剧成功。这部剧从另一个角度探讨了父母的奉献，权力的滥用和道德观念的缺陷等主题。特里布莱是位外表丑陋的父亲，随时准备为女儿失去的贞操而杀人，卢克雷齐娅（Lucrezia）是位美丽却无德的母亲，她利用祖传的毒药来报复对她本就不光彩的品格的侮辱。最后，两人都无意中害死了孩子，不过卢克雷齐娅的结局更加耸人听闻。杰纳罗（Gennaro）和朋友们被卢克雷齐娅下了剧毒后，他拒绝服用解药，反而一剑贯穿了卢克雷齐娅。快要咽气时，她才揭露自己是他的生母。该剧之所以引人入胜，除了饰演主要角色的乔治（George）女士和弗雷德里克·拉梅特（Frédérick Lemaître）演技精湛，还得益于圣马丁门的常驻作曲家亚历山大·皮奇尼（Alexandre Piccini）为角色创作的主题曲。年底，雨果乘胜追击，在剧院上演了另一部散文剧《玛丽·都铎》（*Marie Tudor*）。通过玛丽一世（Mary I）女王的压抑性格，雨果进一步探讨了人类情感的不可控性以及道德理想主义与社会现实的错位。

这些戏剧中的背叛、暴力和悲伤反映的不仅仅是人类普遍的不安或国家的动荡。雨果渐渐认识到，他和阿黛尔的婚姻不可能恢复如初，他和圣伯夫的友谊也已无可挽回。他在给圣伯夫的信中说，"我这一生的慰藉在于从未先负一颗爱我的心[1]"，这很可能是在暗指阿黛尔。不久前，雨果一家搬到了皇家广场（今天的孚日广场，巴黎最古老的规划广场），但他们的新生活并未如愿展开。随着时间的推移，阿黛尔与圣伯夫的恋情逐渐冷却，她的婚姻虽然恢复了和谐，却再无火花。爱，不过多愁善感罢了。他们没有重蹈覆辙，像雨果父母那样反目成仇，但却未能避免爱情的幻灭。至于自 1830 年春天雨果是否在别处找到了慰藉尚不能确定。不过，毫无疑问，1833 年，他开始了一段至死不渝的婚外情。

朱丽叶·德鲁埃（Juliette Drouet）是一位光彩照人、

---

[1] 1833 年 8 月 22 日，*CRP*，第一卷，第 532 页。

有着一双黑眼睛的女演员，曾在《卢克雷齐娅·波吉亚》中饰演内格罗妮公主（Princess Negroni）。即将 27 岁的她因怯场而表现平平，但她的风采却异常夺目。雨果后来写道："她是一颗钻石，只需一线阳光就能以千种方式闪耀。[1]"雨果很快便深深迷恋上她，尽管心中有些不安。写下了持续半个世纪的每日书信的第一封，开启了他们的第一个不眠之夜。她与他在文学热情和情感理想上产生了共鸣，甚至戏谑他最初赶不上她的欲望。这启发了雨果："当我悲伤的时候，我想到你，就像我们在冬天想到太阳；当我快乐的时候，我想到你，就像我们在阳光灿烂的时候想到树荫。[2]"雨果称为"朱朱"（Juju）的女子，为他带来了他在伴侣身上所渴求的目的感和安全感。不过，她作为交际花的纷扰过去也激发了他的不安和嫉妒，同时她不断增加的债务也让他失望。朱丽叶的布列塔尼血统可能让雨果想起了母亲，但这也引发了一些关于她奢华生活的激烈争论。当她在一封信的结尾恳求："无论发生什么，让我们彼此相爱[3]"时，她间接地表达了对他们关系的认识，虽然不总是天堂般的美好，但她一定矢志不渝。

前几年的冲突，加上个人生活的变化，促使雨果悉数过去所得，标明前进的方向。第二年，《文学与哲学杂论

---

[1] 让·高登（Jean Gaudon）编，《维克多·雨果：给朱丽叶·德鲁埃的信》（*Victor Hugo: Lettres à Juliette Drouet*），巴黎，1964，第 5 页。
[2] 同上，第 1 页。
[3] *JD*，1833 年 8 月 10 日。

集》(Literature and Philosophy Mixed Together) 出版。这本文集汇聚了自1819年以来雨果的各种批判性散文，将他的思想发展作为一个连贯的过程来呈现。在他1823年关于司各特的文章中，他对当代作家应如何以司各特为例改进补充了更精准的建议，在写这篇文章时，他显然心系《巴黎圣母院》。他认为可以通过比司各特更具表现力的风格来增强小说的抒情性，这种风格"既戏剧化又宏大，既生动又诗意[1]"。

莱昂·诺埃尔（Léon Noël），《朱丽叶·德鲁埃》（Juliette Drouet），1832，平版印刷画。

---

1 《文学与哲学杂论集》，*Phil*，第一卷，第119页。

在《文学与哲学杂论集》中，雨果塑造的自我形象是一个相信艺术需要继承拿破仑的遗志，实现大革命对新世界的承诺的作家。书的标题表达了他对别人片面定义自己的不满：他不喜欢那些认为艺术需要完全脱离社会现实的文学运动，也不喜欢像乌托邦社会主义的圣西门派这样认为艺术的主要目的是服务社会的思想流派。"为艺术而艺术"的信条和作为社会机器齿轮的艺术都是不够的。

在他关于司各特等人物和国家遗产等问题的文章旁边，出现了两篇新文章，强调了他自己身为作家该扮演怎样的角色。第一篇利用身无分文的年轻诗人安贝尔·加洛瓦（Ymbert Galloix）的死亡来抨击贫困。这位孤独的年轻诗人深受缪塞忧郁的**厌世症**（mal du siècle）影响，雨果撇开他的陈词滥调不谈，结合社会大环境来探讨贫困这一问题。第二篇文章讨论了米拉波伯爵（comte de Mirabeau）作为法国大革命的演说家之一给历史留下的自由主义反对模式。伏尔泰的哲学具有腐蚀性，而米拉波的演讲具有毁灭性，两者都以智慧为武器，追求同一目标："摧毁旧秩序，预备新秩序。[1]"这两篇文章都在强调，19世纪的"伟人"既要有良知，又要有口才。在结合文学想象力与哲学判断的基础上，他必须避开抽象思维和无聊政治的单一性。

---

1 《文学与哲学杂论集》，*Phil*，第一卷，第 215 页。

雨果的短篇小说《克洛德·格》(*Claude Gueux*)（1834）和散文剧《安日洛》(*Angelo, Tyrant of Padua*)（1835）延续了这种艺术思维和道德倾向。前者重新回到了刑罚制度的主题，讲述了一个巴黎工人变成罪犯的真实故事。它强调了雨果社会思想中一个日益突出的方面：社会有治愈不道德这一疾病的集体责任，而不是简单地像切除肿瘤一样。"百姓饥寒交迫。贫穷迫使他们犯罪或堕落……你们所制定的法律，一旦制定了，也只是权宜之计。[1]"他关注的另一个社会问题是男女不平等，《安日洛》便是以此为框架。嫉妒成性的暴君安日洛（Angelo）娶了不幸的卡塔利娜（Catarina），并让交际花蒂斯贝（Thisbe）做他的情妇。出身低微的蒂斯贝真心爱着纯洁的洛道尔福（Rodolfo），但他却暗恋卡塔利娜。为了帮洛道尔福和卡塔利娜逃离安日洛的怒火，蒂斯贝牺牲了自己。认识到长官妻子在男性主导的宫廷中面对着与她相同的困境，她放下了敌意，不仅如此，她选择了爱而不是复仇。在《克洛德·格》和《安日洛》中，雨果批判了对弃儿和下层阶级必然无德的偏见。在后者中，他也调侃了自己作为一个被拒绝的丈夫和不忠之人的矛盾感受。

1835年，他的脑海中充斥着这些社会和个人的忧虑，因此《暮歌集》(*Twilight Songs*)里的诗歌又恢复了他上

---

[1]《克洛德·格》, *Rom*, 第一卷，第764—765页。

一本诗集中暮秋时分的瞬息万变。暮光，黎明和黄昏半明半暗的朦胧时刻，是法国在专制主义和民主之间举棋不定的恰当形容，也是他自己矛盾情绪的写照：他的序言将其称为"外界的迷雾，内心的犹豫"。在一个执意要有明确路线来遵循的时代，雨果想要结合而非分离不同的元素，就像在四十首诗的第一首《序曲》（Prelude）中所戏剧化的那样。不确定太阳是升起还是落下，它交错的押韵暗示着不断摇摆。前半集的诗中充斥着对贪婪和匮乏的批判，比如《在市府大厦的舞会上》（On the Hôtel de Ville Ball），在这首诗中，自私自利的狂欢者对他们周围的痛苦视而不见，还有《啊！永远别侮辱一个堕落的女人》（Oh! Never Insult a Fallen Woman）（"谁知是怎样的重担压倒这可怜的灵魂！"）。

《秋叶集》中关于自然、爱情和时间流逝的抒情主题也再次出现，雨果词汇和隐喻的威力一如既往的强盛，比如将他的诗句比为飘忽不定的冰雹敲打着墙壁，或者人性的额头上倾泻下迷信的"丑陋毒蛇"[1]。后半集的诗中，如《既然我的嘴贴在你又斟满的酒杯上》（Since My Lips Touched Your Still Full Cup），诗中的首语重复形成脉动般的节奏，充满了庆祝爱情所发出的感叹。他毫不掩饰对朱

---

[1] 《秋叶集献词》（Envoi des feuilles d'automne），xviii；《啊，多少疑虑占据了我们的心》（Que nous avons le doute en nous），xxxviii，《暮歌集》，*Pse*，第二卷，第 250 页，第 305 页。

丽叶的热情,也没有隐藏他对自己高尚的伴侣、孩子们伟大母亲的阿黛尔的钦慕。作为诗人对外与对内的凝视,以及作为一个人对兴奋和平静的渴望,这些矛盾仍然彼此纠缠,却摇摆不定,变幻莫测。

3 "我脆弱的帆船要驰往怒涛中去"
（1836—1851）

在1837年夏天写给欧仁的诗中，雨果把自己比作一艘脆弱的帆船在怒涛中航行。那年早些时候，他的哥哥在夏朗顿精神病院去世了。《致欧仁·雨果子爵》（To Eugène, Viscount Hugo）剖析了雨果发现自己丧失前进动力时的思想。[1] 1930年代末，雨果已经征服了诗歌和舞台，以及不那么古典的散文小说领域，但现在，他的目标动摇了。平心而论，三大著作《东方集》《艾那尼》和《巴黎圣母院》珠玉在前，无论迈出什么样的步伐都注定会显蹒跚。同样，他再也无法像从前那样召唤出初恋和父爱的魔法。最近的诗歌中出现的秋天的转折和暗淡的光线，反映出他预感到自己灿烂的青春即将结束。

在这首超过30段六行诗节的诗歌中，他哥哥的去世唤起了雨果过往文字中罕见的情绪：因命运的残酷而沮丧，

---

[1]《心声集》（Les Voix intérieures），xxxiv, Pse，第二卷，第460—466页。

诗中主要指的是欧仁的急症（"自从上帝把你锁在肉体的牢笼里，/给了你翅膀，可怜的雏鹰，却没有给你可以凝视的眼睛，/没有理性的灵魂"）；对逝去时光的渴慕（"多少永不褪色的美好！……我们曾同榻而眠，并肩入睡"）；以及不愿被抛弃的诉求（"温柔的金发天使，童年的伴侣……你一定还记得绿荫葱郁的斐杨底纳！"）。诗人发誓要继续前进，但这种坚持却因年少对伟大的幻想与为此要付出的代价之间的反差而大打折扣：来自竞争对手的尖锐攻击，以及来自朋友的背叛——无疑指的是圣伯夫在他的文章中嫉妒地抨击雨果。诗人看到哥哥得以安息，然而自己仍陷于此时此地的动荡波澜：

> 而我留下受苦、劳碌、生活；
> ……但这是何等的辛劳！何等的怒浪滔天！这些海浪的泡沫！
> ……何苦要为如此多重的激情而燃尽自我？
> 何苦为自己选择如此执拗的命运？

雨果问道："为何上帝将我们一生最美好的时光/集中在起点？"很明显，曾经助他检视自身进步的反省与回顾，如今带给他更多的是忆苦的沮丧而非思甜的乐观。在他自己的战斗中，他未能毫发无伤地全身而退。

在经历了4次政府更迭、4场起义和一次对国王的刺杀之后，在这个时期的新政权下，疲劳感和幻灭感的侵蚀不可避免。雨果的婚姻非但没有糅合他对归属感和激情的需求，反而让它们更加崩碎，他的国家也随着七月王朝的中庸之道分崩离析，离拿破仑的辉煌时代越来越远，也并未向1789年的民主理想大步迈进。失望的雨果在写给马提尼加作家路易·德·梅纳尔·德·克耶（Louis de Maynard de Queilhe）的信中指出："你离开后，政治并没有变得更崇高。这是一群小人物们在琐事上磨洋工。[1]"当前的形势显然不利于成就大业。

在接下来的15年里，雨果的文学活力衰退，感情生活愈发纠葛，家庭生活再次惨遭悲剧的打击。然而，随着日暮一同降临的，是认识自我和表达自我的新机遇。这一时期，雨果在文学生产力上的明显下降一览无遗，他个人生活中最痛苦的章节，也是他在职业生涯中加入了多个国家机构，政治影响力日益扩大的阶段。随着写作的收入与投资让他越发富有，他与法国政界的关系也越发密切，他也就越发坚信社会经济和立法改革的必要性。如果说这段时光加剧了他无法完全认同自我的焦虑，同时也让他的决心更加坚定，要在对自由世界的展望中赋予这种惊惶更正面的意义。

---

1 1837年5月21日，CRP，第一卷，第553页。

1836—1842："不朽者"之一

1836年，尽管有夏多布里昂和拉马丹等大腕的支持，雨果头两次竞选法兰西学术院院士的尝试都以失败告终。此外，朱丽叶也全力以赴地帮他从现有院士中争取到必要的选票。阿黛尔厌恶朱丽叶，不仅因为雨果在她身上投入了大量的时间和金钱，也因为她交际花的名声，在她看来，这玷污了她受人敬仰的丈夫。尽管如此，她还是明确表示，在感情方面，他可以随心所欲。"只要你快乐，我也会快乐……我绝不会滥用婚姻赋予我的权利。我希望你像个男孩一样自由自在。[1]"因此，朱丽叶得以和雨果同乘一辆马车，在他拉拢潜在支持者时在一旁等候，并在前往下一场会面的途中和他一起制订策略。

这对恋人两年前曾计划一起去比利时边境度假，试图把最初的争执抛诸脑后。这是雨果近10年来首次离开法兰西岛大区。然而，不久之后，他们就为她高额的债务争吵得异常激烈。朱丽叶离开了他，离开了巴黎。然而，一次在教堂安排的团聚和为期三周的布列塔尼度假使双方都作

---

[1] 1836年7月5日，引自劳拉·马基（Laura el Makki），纪尧姆·加利安（Guillaume Gallienne），《与维克多·雨果共度之夏》（*Un Été avec Victor Hugo*），巴黎，2016，第24页。

出了让步，促进了进一步的对话。雨果在与贝尔丹家族的年度家庭度假期间，将朱丽叶及她快 8 岁的女儿克莱尔（Claire）安置在离理诺士约 4 公里（2.5 英里）的一座小房子里。他们几乎每天都双向奔赴，在林间中途相遇，用一棵空心栗树作为他们的邮筒。

在接下来的两年里，朱丽叶放弃了自己以往的生活方式，在雨果的导演之下扮演了一个现实中的浪漫剧女主角：一个通过爱和母性得到救赎的堕落女性。那时的她过着简朴而与世隔绝的生活，住在雨果付钱的、离他巴黎住所足够近的公寓里，以便他灵活安排时间。令人遗憾的是，这位被视为 19 世纪法国最杰出的女性主义盟友之一的男人，由于对自己情人的过去太过疑虑，不允许她在没有他陪同的情况下打开自己的信箱或离开公寓，尽管他准许她雇了一个名叫苏珊娜（Suzanne）的女仆，还让她养了一些宠物。朱丽叶在"你对我施加的专制中"寻求安慰，雨果通过赠送她文学作品的题献和共同度假来抚慰她，1837 年，他们第一次出国旅行，一起在比利时度过了一个多月[1]。作为他永不缺席的专属听众，朱丽叶成了雨果的校对、秘书，甚至裁缝。他们的通信透露出一种相互依赖，时而受虐的关系，朱丽叶曾写道自己被吻到窒息，而痛苦的雨果

---

[1] *JD*, 1836 年 8 月 14 日。

绝望地乞求她永远爱他[1]。在这10年结束之前，他们私下达成了一项协议——他们称之为"道德婚姻"——在这份协议中，她承诺不再登台，雨果则发誓履行所有作为丈夫的责任，包括支付克莱尔的寄宿学校学费和照顾她母女。

肩负两个妻子和两个家庭的责任，他的共和倾向受约于他对政治温和派的同情，他的职业生涯既反对传统，又渴望进入法国杰出的文学机构，他试图驾驶着一叶孤舟，在两条不同的航道上同时航行。雨果的下一本诗集《心声集》（*Inner Voices*）（1837）是他倾听内心纷乱声音的产物，呼应了他的多面性。痛失兄弟又容易受到对立欲望的诱惑，他创造了另一个理想化的自我，命名为奥林匹欧，以此在书中最著名的诗歌之一《致奥林匹欧》（To Olympio）中，更开放地与自己对话。奥林匹欧安慰困惑的诗人，提醒他务必让自己的心跳与"像胸腔一样呼吸的大海"同频，要"时而涨满时而柔软"[2]，并提醒他不要孤立地看待对立面，要看到它们在命运之轮上一同转动。由75组四行诗段组成，《致奥林匹欧》的篇幅很长，对于旨在进一步确认诗人拥有道德和情绪仲裁力的诗集来说，这首长诗是一种必要

---

[1] 参见热拉尔·普尚（Gérard Pouchain），罗贝尔·萨布林（Robert Sabourin），《朱丽叶·德鲁埃，或"远行者"》（*Juliette Drouet, ou 'la dépaysée'*），巴黎，1992；布拉德利·斯蒂芬斯，《亲吻我，美丽的朱朱！维克多·雨果与他的朱丽叶的欢愉》（*Baisez-moi, belle Juju! Victor Hugo and the Joy of his Juliette*），载《法国文学和文化中的生活乐趣》（*Joie de vivre' in French Literature and Culture*），苏珊·哈罗（Susan Harrow），蒂莫西·昂温（Timothy Unwin）编，阿姆斯特丹，2009，第211—224页。

[2] 《致奥林匹欧》（À Olympio），《心声集》，xxx，*Pse*，第二卷，第472页。

的慰藉。序言重申，诗歌应该像上帝一样，"独一无二，永不枯竭"。在改写1792年法兰西共和国是"独一无二，不可分割"的宣言时，相对人类所追求的永不崩坏的结构，雨果更倾向不可阻挡的创造精神。为了唤起这种精神，诗人必须倾听家中、大自然和街道上隐隐相连的声音。自传、哲学和历史也交织出同样的壮丽旋律。《心声集》虽未为读者带来全新的声音，却成为他思想的有力扩音器。

第二年，他重返舞台，这次他以更加鲜明的态度强调社会平等主义，标志着他向前迈出了更有力的一步。《吕伊·布拉斯》（*Ruy Blas*）证明了浪漫戏剧对富贵之人和普罗大众都十分有吸引力。故事发生在17世纪的马德里（雨果的另一部以西班牙历史为背景的作品），名为吕伊·布拉斯（Ruy Blas）的可敬仆人卷入了他冷酷无情的主人堂·萨留斯特（Don Salluste）对仁慈的王后堂娜·玛丽亚（Doña Maria）的报复。心知布拉斯爱慕堂娜·玛丽亚，且一定能赢得她的芳心，萨留斯特将他伪装成贵族。果然，王后提拔布拉斯为首相，而这位"爱上星辰的蚯蚓"也倡导了值得尊敬的革新[1]，可最终还是成为萨留斯特败坏女王名声的陷阱。五幕结构、亚历山大诗体的诗句和主人公最终的自杀为这部戏剧染上了悲剧的色彩，然而它的幽默元素（包括各种插科打诨）以及情节的戏剧性元素（比如盗用身

---

[1]《吕伊·布拉斯》，第二幕，ii，*Tht*，第三卷，第375页。

份及背叛）则为其更添魅力。通过以爱情为中心的故事，雨果将皇宫的底层和顶层结合在一起，展现了政治权力和人民需求合二为一的乌托邦式的愿景。

他与大仲马合作，利用他们与广受欢迎的王位继承人奥尔良公爵（Duc d'Orléans）及其妻子（一位不折不扣的雨果迷）之间的友好关系，获得了内政部的许可，创办了新剧院。其艺术风格介于法兰西喜剧院和圣马丁门之间。《吕伊·布拉斯》为新办的文艺复兴剧院拉开了序幕，直到1839年都颇为卖座，不过评论家不喜欢这令人难以置信的情节，抱怨雨果不过在回收利用浪漫主义的套路，并没拿出什么新意。没有了圣伯夫吸引媒体火力，雨果更容易成为靶子。此外，他也流失了一些粉丝："为艺术而艺术"的精神越发受到年轻作家的欢迎，这一切始于戈蒂耶为《莫班小姐》（*Mademoiselle de Maupin*）（1835）所作的序，而它就是建立在《东方集》和《秋叶集》的思想基础之上的。

通过雨果的剧本笔记可以发现，自《玛丽·都铎》之后，他越发频繁地修改剧本，常常举棋不定，而新剧《双胞胎》（*The Twins*）的创作比预期的更加困难[1]。这部戏剧讲的是一个铁面人的传奇，双胞胎中的一个将自己的成功建立在自己兄弟的痛苦之上，这对他个人来说是十分敏感的主题，于是创作过程就更困难了，最终在1839年的夏

---

[1] 阿尔伯特·W. 哈尔索尔（Albert W. Halsall），《维克多·雨果与浪漫主义戏剧》（*Victor Hugo and the Romantic Drama*），多伦多，1998，第169—170页。

天,雨果放弃了这个项目。没过多久,他和朱丽叶在年度假期中,沿着罗讷河游览了瑞士和法国中部,这次旅途持续了将近两个月。作为主管国家历史保护的公共教育委员会的成员,他在旅途中所发散的想象力更基于实地考察所得,这也给了他调整焦点的机会。在写给家人充满爱意的信件中,他通过描述和绘画分享了自己的所见所闻,这说明在度假时,他仍然是雨露均沾的,他对家人的爱不分伯仲。他一直挂念着"我的迪迪"(利奥波迪娜),"我的夏洛特"("小"夏尔),"我的多多"(小维克多),我的"黛黛"(小阿黛尔),同样还有"我的阿黛尔"。

翌年,雨果又尝试两次进入法兰西学术院,但又都失败了,此后他出版了《光影集》(*Sunlight and Shadows*),作为从《秋叶集》开始、《暮歌集》《心声集》为继的诗歌系列的最后一部。这本诗集是 4 部中最厚重的。他重新全情投入,加强自己诗意的想象作为一种"教化"力量的重要性与潜力,为维吉尔、但丁、弥尔顿和拜伦所创的"人类之诗"增色。在序言中,他说自己的"视野更广阔,天空更蔚蓝",证实了无论发生什么,他都会坚持不懈地拓展思维与审视的疆土,继续通过结合人类、自然与社会,来理解上帝创造的广阔。开篇诗的前 5 节,恰如其分地命名为《诗人的使命》(The Poet's Function),描绘了诗人可以遵循的两种可能的轨迹:混迹人群,追求社会利益,或者"离开我们的风暴",投入大自然恬适的怀抱。诗人在随后的34行中回应说,大自然仍旧是必不可少的慰藉,然而"在这充满奇遇的时代",人们需要他的天赋来照亮一个更美好的世界。"立足于今日,憧憬着明朝",他要将平凡的世界置于更广阔的天地中。

维克多·雨果,《卢塞恩。我窗外的景色》(Lucerne. What I can see from my window),1839年9月13日,墨笔画。雨果经常在旅途中写生,他在给妻子的一封信中为女儿列奥波迪娜画了这幅画。

这本诗集翻印最多的一首诗歌利用这种展望的能力,清晰阐述了流年易逝的辛酸。他再次召唤出奥林匹欧,在其帮助下越过自己视野的边界。他所看到的是已经不再处于爱情最初阵痛中的心。《奥林匹欧的悲哀》(The Melancholy of Olympio)以深沉的亚历山大诗体写成,通过捕捉大自然"宇宙之心"的跳动,把雨果的读者带到了抒情的顶峰。拉马丹广受欢迎的《湖》是一首对因死亡而夭折的爱情的挽歌，这首相较之下更长的诗歌则在沉思，在这个转瞬即逝的世界上，爱情是如何渐渐失去一开始的浓情蜜意的。苍白的身影徘徊在一片人迹罕至的山谷中，想要消除与不知名爱人之间残留的眷念，与此同时，"往日的阴影"笼罩了他的回忆。在他的一些感触中有情色弥漫（微风"时而摆弄着玫瑰，时而摇撼着橡树"），但景象最终改变了：

> 我们往日的印象几乎完全失去了生命。
>
> 这森林，眼前稀稀拉拉，远处却郁郁葱葱；
>
> 我们纷乱的记忆随风四散，无影无踪
>
> 犹如一堆已经熄灭而又冷却的灰烬。
>
> ……难道我们不再存在？
>
> 难道我们徒劳的呐喊再也招不回韶光？[1]

这首诗的灵感来自比耶夫尔山谷，雨果在私下将它献给了朱丽叶，诗的结尾记录了回忆的力量如何携手往昔的爱情步入来世，即使灵魂垂头丧气地坠入黑夜。雨果不愿放下过去的烦恼，但也不会对现在的困惑视而不见。

1841年初，他终于被选为学术院的"不朽者"之一。《光影集》的大受欢迎起到了一定作用，他为纪念那年冬天

---

[1] SP，第94—105页（《光影集》，xxxiv）。

拿破仑的遗体回归巴黎而创作的颂歌集也帮了大忙。迎回拿破仑遗体是七月王朝将错综的法国历史集零为整的又一次尝试。上一年,帝国怀旧情绪和民族主义情绪愈演愈烈。法国政府支持穆罕默德·阿里帕夏宣示埃及的主权,但其他欧洲列强支持奥斯曼帝国。为了避免战争,路易-菲利普最终接受了在维也纳会议上羞辱法国的国家联盟解决"东方问题"的方案。在此背景下,雨果以法兰西学术院的选举仪式为契机,在包括他的家人和朱丽叶在内的激动观众面前象征性地挥舞法国三色旗。他坚持认为,法国在引领文明迈向更加辉煌的未来方面有着令人自豪的历史,这意味着"法国是欧洲不可分割的一部分[1]"。拿破仑曾试图通过军事力量来完成革命的使命,而现代法国则需要最具指挥力的头脑,通过思想帝国来实现这一使命。这就是诗人的职责和他的荣耀。

雨果利用与朱丽叶的旅行笔记,通过一种新的媒介——游记——来宣传法国在欧洲大陆的重要性。《莱茵河》(*The Rhine*)出版于 1842 年,收录了他在莱茵兰旅行期间写的近 40 封信,回忆了其他浪漫主义者的伟大旅行。这本书后来成了一本很受欢迎的旅游指南,但雨果的目的并不是为了赚钱。《莱茵河》是他当时政治愿景的定制展示柜,而不是一本精确的游记:为了适应书中构想的路线,

---

1 《入学演讲》(Discours de réception),1841 年 6 月 3 日,*AP*,第一卷,第 51 页。

他重新排列了自1838年以来在该地区的三次不同假期的时间顺序,并捏造了几条记录,其中包括对施派尔的造访。这些写给未具名友人的信件,如描述莱茵瀑布的那封,展现了雨果小说中的诸多文学特色,以此体现他的想象力是如何在这些不熟悉的环境中蓬勃蔓生的:单句成段来控制节奏,增强戏剧性,在更大段的起伏思绪之间吸引读者的眼球("我一直走到观瀑台的尽头,背倚峭岩");使用无动词的句式来集中描述特定景象,而非行为("绝妙的奇景!骇人的喧嚣!");通过比较让叙事视角更为深远("宛如主的暴雨战车那四个风驰电掣的车轮在您面前转动不息")[1]。

在雨果的双眼中,莱茵河的地貌和历史是一种普遍创造力的证明,作为欧洲大陆的动脉,它定义了欧洲的过去和未来。这些信件的最后附上了两篇散文,叠映出了一个以法国为核心的统一的欧洲。最重要的是,他将莱茵河设想为法国和德国之间建立文化和经济共同体的权力轴心,延续查理大帝和拿破仑的伟业。这种纽带将更有效地对抗社会不平等,并通过约束英国和俄罗斯的力量来保障和平。因为这个论点,拉马丹写信给他说:"国王将封你为贵族,我们将封你为大臣。[2]"受到这些信件的鼓舞,雨果准备了

---

[1] 第38号信件,*OC*(Laffont),第十三卷,第397—401页。最后一个隐喻指的是《圣经·以西结书》。
[2] 1842年2月1日,引自让-马克·霍瓦斯,《维克多·雨果,流亡前1802—51》,巴黎,2001,第848页。

102　雨果

邦雅曼·鲁博（Benjamin Roubaud），《先贤祠》（*The Charivaric Pantheon*），1841 年 12 月 22 日。雨果背靠着巴黎圣母院沉思，而他创作的各种人物则在右边打旋。他的脚下矗立着圣马丁门剧院、法兰西喜剧院（左）和法兰西学术院（右），以及一个满溢的收入箱。图的顶部，过大的额头象征着浪漫主义天才。

另一部戏剧，以戏剧化的方式来呈现他的政治方案。由于文艺复兴剧院不幸因财务危机而未能幸存，他又回到了法兰西喜剧院。然而，新的一年将残酷地截断这一重新涌动的力量之流。

1843—1847：哀悼、爱恋与领导

《城堡里的爵爷们》(*Les Burgraves*)于3月首演，这在历史上常被视为雨果戏剧生涯中的一次壮烈的落败，部分原因是1843年之后，他再未将新的戏剧作品搬上舞台。这并不意味着可以想当然地假设他对戏剧失去了兴趣。他后来对戏剧审查制度的干预以及他在流亡期间创作的更具实验性的戏剧作品终结了这一论点。即使考虑到1843年晚些时候发生的悲剧将不可避免地玷污这部戏剧的回忆，我们也不能草率地推测这部剧本身就是他告别剧院的根本原因。尽管如此，《城堡里的爵爷们》是他职业生涯中票房收入最低的一部作品，即使它连续上演了33场。

至少在当时，观众已经开始厌倦浪漫主义戏剧，于是雨果尝试了一部史诗情节剧。故事以13世纪的莱茵河为背景，情节围绕着封建贵族的头衔和家族竞争展开，高贵的百岁老人若布（Job）被更年轻、更自负的一代篡权。海彭海夫城堡的人们祈祷能从回归的神圣罗马帝国皇帝巴巴罗萨（Barbarossa）的暴政中解脱出来，他们本以为巴巴罗萨在若布叛乱后已经死去。除了令人难以置信的人物年龄和错综复杂的家庭阴谋之外，这部剧的大部分内容都集中在过去的事件上，必须由角色长时间地叙述，而不是在舞台

上用更直接的情感表现出来。这次的结局颇为圆满,不似往常那样令年轻英雄最终为爱牺牲,可惜当巴巴罗萨和若布和解时,观众已经提不起兴致了。这极为令人失望,特别是这部剧的序言中阐述了他关于欧洲统一的想法,要像埃斯库罗斯(Aeschylus)和维吉尔以希腊和罗马为使命那样倡导欧洲文明。写作生涯伊始,雨果的文学作品就贯穿了这片大陆,涵盖了各国历史,包括英国、法国(和安的列斯群岛)、德国、意大利、挪威和西班牙。莱茵河畔的法德邦联形象正在演变成一个更具包容性的实体,其主要目标是共同繁荣,而不仅仅是国家安全,但《城堡里的爵爷们》并不是这个睦邻梦想的有效催化剂。

观众的背离,加之近期的连串打击,让雨果越发低落。去年夏天,奥尔良公爵与一位德国公主在一场马车事故中丧生,他们的婚姻是法德合作的象征。更令人沮丧的是,在《城堡里的爵爷们》首演三周前,雨果18岁的女儿利奥波迪娜嫁给了一个名叫夏尔·瓦克里(Charles Vacquerie)的男人。她即将在他位于勒阿弗尔附近的家中开始新生活,那儿距离巴黎约200公里(125英里)。在失去长子利奥波德之后,作为神赐之礼的"迪迪"成为雨果特别宠爱的对象,特别是在阿黛尔出轨后更是如此。在她婚礼的第二天,朱丽叶抱着她挚爱的诗人,他将头埋在她胸前,哭道:"我的宝贝女儿要离开我了。"他清晰地向朱丽叶表达了他的需求:"永远这样爱我!吸引我,爱抚我,支持我,安慰我。

你是我的美丽，也是我的慰藉：用爱填补我内心的空虚！[1]"手上的风湿病，加上眼睛又有了炎症，他需要暂时逃离这里。7月中旬，这对情人向南前往巴斯克地区，雨果在那里重温了他对西班牙的童年记忆，之后去了上比利牛斯山脉的科特雷温泉，最后沿着比斯开湾返回。他照例给孩子们寄去了信件和素描，讲述了他如何重拾了西班牙语，却未曾提及忠实的旅伴。

9月9日下午，雨果和朱丽叶在罗什福尔点了啤酒，坐下来看报纸。他指着他那本《世纪》(*Le Siècle*)杂志，如遭雷击。据报道，9月4日，利奥波迪娜、她的丈夫、她的叔叔和一个年轻的表弟在返回勒阿弗尔的途中，距离维勒基耶不远的游艇事故中全部溺亡。三天后他才能回到巴黎。他写信给一直住在勒阿弗尔的阿黛尔："神啊！我做了什么！我的心碎了[2]……"他含混的情感爆发似乎透露出一种内疚感，认为这场悲剧是某种形式的惩罚，当他回到家人身边时，这种感受更是锥心刺骨。他错过了9月6日的葬礼。人们发现利奥波迪娜时，她被试图救她的丈夫紧紧抱在怀中；而当时她已怀有三个月的身孕。她的一切遗物都立刻成为她悲恸父母最贵重的艺术品，包括她的一绺头发，她婚礼上戴的头花和她在事故当天穿的裙子。她的父亲直到三年后才鼓起勇气去给她扫墓。

---
1 1843年2月17日，引自斯蒂芬斯，《亲吻我，美丽的朱朱!》，第218页。
2 1843年9月10日，*CRP*，第一卷，第611页。

奥古斯特·德·夏蒂龙（Auguste de Châtillon），《利奥波迪娜·雨果读时经》（*Léopoldine Hugo Reading the Book of Hours*），约1835，布面油画。

1843年底，雨果在巴黎的一家沙龙结识了一位少妇，23岁的莱奥妮·比亚尔（Léonie Biard），在她身上雨果寻得安慰。从她的名字和年龄推断，雨果可能将她当成了利奥波迪娜的替身，但他对她的渴求并非如父亲对女儿那般。莱奥妮金发飘逸，举止优雅，想象力丰富又充满自信，曾作为探险队画家奥古斯特·比亚尔（Auguste Biard）的伴侣，是前往斯匹次卑尔根岛科学考察队中唯一的女性。她与奥古斯特不幸的婚姻令她与朱丽叶以及雨果笔下的许多女主人公有一些共同之处，她们显然都需要通过爱情来证明自己。带着渴望朝阳的激情，雨果开始追寻新的目标。四年前，他记录了两名妓女的工作时间，而她们并非最后一批。我们无从知晓他记录这些信息的目的是什么：为了寻求性的释放，还是为了施舍（或两者兼而有之）？无论真相如何，雨果无疑将自己的性欲视为一种爆炸性的力量。照奥林匹欧所言，诗人最初见到朱丽叶时不敢接近她，"因为火药桶害怕火花[1]"。在他1830年代早期的笔记中，有一个场景既体现了他的幽默，也暗示了他的自我意识。一个无力之人问算命者的"小心你的附肢"这一忠告，是否更适用于像狐狸或彗星这样有尾巴的东西[2]。情场老手朱丽叶点燃了他的冲动，可最终似乎超出了她的掌控，她甚至抱怨自己的猫在她床上的时间都比雨果要多。

在他们在一起的第一年里，雨果写了一系列关于莱奥妮的诗，这些诗大多在他逝世后发表在《全琴集》（*The Whole Lyre*）中，证明了他新寻得的欢愉。这些作品与他写给阿黛尔和朱丽叶的诗不同，节奏更快，诗句更短，更

---

[1] 《致奥林匹欧》，《心声集》，xii，Pse，第二卷，第415页。
[2] *OC* (Laffont)，第十五卷，第491页。法语中 queue 有多重含义，如尾巴、茎、锅柄，或俚语中的男性生殖器。

倾向于表现愉悦之情，而非高贵或忧郁的情感。诗人不再是"虚弱而赤裸"的童神丘比特（Cupid），而是"摘下了头盔脸甲"的"骄傲骑士"，见到爱人褪尽衣衫的瞬间（她在这些诗中的常态），他会"战斗""打击""凯旋"，这一切都是为了她粉润的脸颊，为了"只有天使方知的甜蜜放纵"[1]。莱奥妮成了他沮丧的婚姻，平淡的婚外情，严苛的职业生涯和悲伤炼狱的出口。年过40，雨果以性快感作为自我疗愈和刺激自我意识的手段，莱奥妮让这种行为更加根深蒂固。有时，在给她寄情书之前，雨果会抄下那些他认为最感人的情话，并在自己的那份情书上添加诸如"他对她说"之类的免责声明，就像在讲述别人的故事一样，这是他保护自己免受发现的方式，但同时也在潜移默化地进一步割裂自我认同[2]。

1845年夏天，一起公开的丑闻表明，他无法做到多路并行。4月，国王任命他为议会上议院贵族。他本就是国王资产阶级宫廷的座上宾，但这次任命让他更深入了路易-菲利普麾下的权力中心。7月4日，莱奥妮的丈夫雇了一名私家侦探，将他和莱奥妮捉奸在床，而他的新身份成了他重要的保护伞。由于奥古斯特提出指控，莱奥妮因通奸坐了2个月牢，之后又在修道院里被拘禁了几个月。雨果

---

[1]《爱情再不是》（L'amour n'est plus），xix；《啊！请告诉我……》（Oh! Dis ...），xlviii，《全琴集》（*Toute la lyre*），第六卷，*Pse*，第十三卷，第122页，第161页。
[2] 参见亨利·吉耶曼，《雨果与性欲》，巴黎，1954，第49—63页。

的贵族身份让他得以豁免,却也因此成了媒体更大的笑柄,但即使面对这种耻辱,他也不愿与情妇或妻子决裂。去年年底,他花了几个月的时间和朱丽叶一起装饰她的新公寓。为了打消她的疑虑,他再次向她表白,并允许她独自外出。他照旧亲自给她买报纸,设法将她蒙在鼓里,同时他也恳请妻子原谅这一令人难堪的插曲。阿黛尔很同情莱奥妮,亲自去探望她,认为她相比自己丈夫的另一个"天使"是个更好的情妇。

在同僚们的劝导下,雨果低调行事,直到1846年初才第一次介入议会。他不甘做一个无所事事的贵族。他谈到了知识产权的问题,强烈要求政府谴责奥地利在被瓜分的波兰镇压反对农奴制的农民起义。在3月的演讲中,他的政治思想包含了两个不可分割的部分:捍卫自决的民主权利,以及承认一个大国必须基于道德,而非仅靠军事治国。该年6月,他代表一名企图刺杀国王的刺客请求免除死刑,判处无期徒刑,可惜没有成功。

在1845年夏天的那场荒诞剧后,雨果再次陷入历史性的悲剧。当月晚些时候,朱丽叶的女儿克莱尔患肺结核去世。她逝世时和利奥波迪娜年龄相仿。参加克莱尔的葬礼令他得以释放自己的情绪,弥补了错过利奥波迪娜葬礼的缺憾。那年秋天,他第一次和妻子和剩下的女儿一起去维勒基耶进行对利奥波迪娜的年度祭奠。与此同时,作为家长的同悲之情让他与阿黛尔的婚姻纽带更紧密,与朱丽叶的关系也因此更进一步。

然而，新政治地位带来的尊严与哀悼带来的清醒都未能平息他的躁动。他的日记中隐晦提及的一些线索强烈表明，他依旧沉溺于与其他女性的风流韵事。其中之一是1847年与女演员爱丽丝·奥齐（Alice Ozy）的关系，这令他的长子夏尔，也是奥齐的爱慕者，大为不满。在物质至上的法国，银行不断扩张，股票稳步上涨，雨果也可能在暗中为性交易埋单。他这么做的动机复杂且众说纷纭：可能是为了通过肉体的感受来暂时忘却情感困扰；也可能是出于一种强烈的自由意志的试探，或是对无条件、非自愿行为的吸引[1]。他风流成性，因此在他的私人笔记中，哪怕是最轻微含糊地提到一个女人，也常常被认为是在暗示性接触，虽然这些解读最终取决于对这些暗示的理解[2]。可以肯定，他对女性形体的迷恋："噢，上帝！欣喜，狂喜，酩酊，/玲珑娇躯之极美！[3]"他对这种约会中边脱衣边撩拨的视觉刺激和触感的偏爱，可能既源于狂喜，也出于谨慎，毕竟19世纪的巴黎性卫生标准并不甚高，因此对性交限制颇多。

---

[1] 夏尔·波杜安对雨果的精神分析解读，首次发表于1943年，至今仍是引人深思的论点之一。参见波杜安，《雨果的精神分析》，巴黎，1972。
[2] 参见让-马克·霍瓦斯关于《维克多·雨果：流亡前》中提醒需要保持客观谨慎的评论，第1001页，第1240页。
[3] 引自热拉尔·奥迪内（Gérard Audinet），樊尚·吉勒（Vincent Gille）编，《情色雨果：羞涩与过度之间》（*Éros Hugo: entre pudeur et excès*），展览目录，雨果之家，巴黎，2015年，第126页。

1843 至 1852 年之间，雨果的新书数量骤降为零。对于一个时间被政治责任、个人承诺和露水情缘吞噬殆尽的作家来说，这似乎很正常。然而，他的文学想象力，虽然松懈，但既未休眠，也不平淡。尽管进展缓慢，但他正在为后来的成功奠定基础，其中包括流亡期间最受欢迎的两部作品。这段时间，他的诗作数量大减（据一位传记作家估计，从 1843 年到 1848 年，他平均每两周只写一首诗）[1]，而且他不知道该怎么处理这些诗，因此选择像 19 世纪 30 年代末那样暂时搁置它们。克莱尔的去世促使他创作了一系列悲伤的诗篇，这为 19 世纪 50 年代中期的《静观集》提供了素材[2]。

他也开始重拾小说创作。新的小说作品围绕社会与道德救赎展开，揭示了一个作家出于个人和爱国的原因，正在思考是否赦免过去的罪孽。从 1845 年 11 月开始，他开始撰写一本暂名为《让·特雷让》（*Jean Tréjean*）的小说，正如他在某个信封背面草草写下的那样，是一个关于"一个圣人、一个男人、一个女人和一个娃娃"的故事。这些人物的灵感都源于现实生活。19 世纪 20 年代末，他在报纸上读到皮埃尔·莫兰（Pierre Maurin）的故事。皮埃尔是个苦役犯，因偷面包在土伦**囚犯营**里服苦役 5 年，后来在迪涅因为感念米奥利斯主教（Bishop Miollis）的恩

---

[1] 格雷厄姆·罗布，《维克多·雨果》，伦敦，1997，第 257 页。
[2] 参见霍瓦斯，《维克多·雨果：流亡前》，第 982—991 页。

情，成为一名光荣的士兵。雨果对监狱生活的持续研究，对另一个在1846年被拘留的偷面包贼的同情，甚至与大名鼎鼎的由罪犯转型为罪案侦探的欧仁-弗朗索瓦·维多克（Eugène-François Vidocq）的接触，都为他的创作提供了更多的素材。书中的女性角色则是雨果笔下另一位堕落的女主角。1841年目睹一名妓女在雪地里遭到警察的袭击后，雨果坚定地为她辩护[1]。书中女人的困境就是源于这一事件。娃娃（他给利奥波迪娜的昵称之一）指的是女人天真的女儿，为了描写她的成长经历，他要求朱丽叶和莱奥妮写下她们在修道院生活的经历作为参考。

1847年底，他与戈塞林签订了《悲惨》（*Les Misères*）的小说合同。通过在新书名中引用欧仁·苏（Eugène Sue）好评如潮的连载小说《巴黎之谜》（*The Mysteries of Paris*）（1842—1843），他想重新回到流行小说的前沿，最近这个位置被苏以及巴尔扎克和大仲马等友人占据。但随着1848年革命事件的紧迫性超过了纸上的创作，他停止了写作。

1848—1851：人民

《悲惨》反映出雨果的信念：文学可以引领现代文明的

---

[1] 1846年2月22日和1841年1月9日，*CV*，第一卷，第137页，第59—62页。

变革。如果不去改变人的品质，变革就会是无法深入而持久的，社会经济重组也只能止步于此。改革取决于民众与人民的区别，他向一份工人阶级报纸的编辑指出：民众是倾向于自利和愤怒的，而人民是"一切倾向于善和正义的人[1]"。他补充道，他对前者的厌恶并不能减少他对后者的热爱。此外，他并没有将社会的普通阶层和精英阶层区分开来。他所说的区别基于道德而非阶级。问题不在于某人是工人阶级还是资产阶级，是社会弃儿还是完美典范，而在于他们是否能像小说中的男主角让·特雷让那样，超越纯粹的物质需求，承认革命核心原则所体现的普世人性。1848年，雨果对民众的不信任让他站在巴黎筑起的街垒的对立面；仅仅三年后，他与人民的亲近又让他站在了这些壁垒的另一边，毅然决然地转向了政治中左翼。

1848年初，法国陷入危机。19世纪40年代的铁路繁荣已经崩溃，掏空了储蓄，摧毁了商业，1846年的歉收导致小麦和面包价格飙升，限制了消费，最终导致制造业衰退。工人阶级失业率的上升和中产阶级焦虑的加剧并不是好兆头，尤其是在议会选举制度仍然极不具有代表性，获得选举权的人口不到1%的情况下。政府镇压反对派政治集会的"宴会运动"期间，巴黎爆发了一场革命，迫使路易-菲利普退位。2月26日——雨果46岁生日——第二共和国宣布成

---

[1]《致皮埃尔·万萨尔》（To Pierre Vinçard），1841年7月2日，*CRP*，第一卷，第586页。

立。拉马丹组织了一个临时政府，宣布实行男性普选，通过国家工厂保证就业，废除奴隶制和政治犯罪的死刑。

雨果听到一个街头斗士喊道："现在是1830！""不，"他写道："1830年，在查理十世之后有了奥尔良公爵。1848年，在路易-菲利普之后，再无能人。"[1] 由于无人能稳定法国前进的道路，他担心激进社会主义会兴起。由于贵族身份已被废除，他参加了立宪会议的选举。他被新兴的"秩序党"吸引，这是一个保守而温和的联盟，通过承诺遏制共和党和社会主义者赢得了选票。当选后，他谴责国家工厂耗资巨大，却没有创造实际的就业机会或长期增长。当政府关闭工厂时，6月23日，巴黎爆发了工人阶级起义。法国宣布进入围城阶段，并授予陆军部长路易-欧仁·卡韦尼亚克（Louis-Eugène Cavaignac）紧急状态下的权力。"多么可怕的事啊！"雨果在战斗期间写信给阿黛尔，"想到双方流的血都是体面而高贵的，真是令人难过。"[2] 作为5名重建秩序的代表之一，他接受了议会职责。在枪声中，他帮助协调军队打破圣殿市郊街和圣安托万街的路障。这一经历并没有让这位将军的儿子后悔未能跟随他的父亲参军。"我能做一个强势的人……但我绝不会成为暴力的人。[3]"

雨果虽问心无愧，但心情沉重，在《悲惨》中，他忆

---

[1] *OC* (Laffont)，第十一卷，第1010页。
[2] 1848年6月24日，*CRP*，第一卷，第638—639页。
[3] *OC* (Laffont)，第十一卷，第1058页。

起1832年起义期间巷战的恐怖时，便是用六月起义来类比。"这场战斗是必要的，是一种责任，因为这次暴乱是针对共和国的。但归根结底，1848年6月的事件是什么？那是人民对自身的反叛。"他批评胜者对败者的贬低，强调这场流血冲突并不能泾渭分明地归咎于某一方。在上层社会用来妖魔化底层人民的词汇——如"人渣"或"贱民"——背后的，是如芒刺般的侮辱，说明上层社会并没有真正理解底层人民的愤懑，"与其说是受害者的错，不如说是当权者的错[1]"。政府的大规模报复行动——逮捕了近25000人，其中近一半被监禁，驱逐或处决——只是治标不治本。更糟糕的是，卡韦尼亚克将军仍旧掌控着执行委员会，为避免进一步的混乱，他限制了新闻自由。

7月4日，夏多布里昂去世，雨果却没有片刻的时间来哀悼。他为重开巴黎剧院而奔走，随后又为捍卫言论自由挺身而出，深知残酷镇压六月起义的卡韦尼亚克绝无可能治愈法国的创伤。与其支持已然力不从心的拉马丹，雨果更倾向于拿破仑的侄子，在经历了过去10年里两次未遂政变后，拿破仑的侄子返回法国。路易-拿破仑·波拿巴的家族名誉，对工人阶级的捍卫以及对社会特权的抨击，使他成为卡韦尼亚克的完美对立面。那个秋天，雨果在《事件报》(*L'Événement*)中宣布了他的支持，这份日报由他的两

---

[1] *Mis*，第961—962页。

个儿子以及他最为狂热的两位崇拜者——作家保罗·默里斯（Paul Meurice）和奥古斯特·瓦克里（Auguste Vacquerie）（利奥波迪娜丈夫的兄弟）在夏天共同创办。该报的题词充分体现了雨果式的风格："对无政府状态的强烈憎恨；对人民深沉而温柔的爱。"路易-拿破仑在12月的选举中以压倒性的优势获胜。

1849年5月，雨果作为秩序党的数百名代表之一当选为新的立法议会成员，可惜议会的主导势力是保守党，这令雨果对政治中心的侵蚀感到忧心忡忡。7月，他抨击了为消除贫困所作的微不足道的努力，并支持阿尔芒·德·梅伦（Armand de Melun）提出的住房提议。《人权宣言》赋予了所有个体应有的尊严，但对许多人来说，他们物质生活的悲惨现实与此形成鲜明对比。雨果用其失败的例子猛烈地抨击政府，如整个家庭生活在狭窄的住所中，穿着腐烂的破布，或一个母亲和她的4个孩子在蒙福孔的垃圾堆和屠宰场中寻找食物。"当人民受苦时，你们毫无作为！当你们脚下的国民绝望时，你们毫无作为！[1]"

一个月后，作为巴黎和平大会新当选的主席，他在开幕词中重申了这一团结的理念，这种团结不仅跨越了阶级，更超越了国界。他首次提出了"欧罗巴合众国"（the United States of Europe）的构想，预想了一片贸易自由和畅通无阻

---

1 《悲惨》，1849年7月9日，AP，第一卷，第163—164页。

的大陆，由共同的货币和深厚的历史纽带所连接，将军事预算和税收重新投向教育和科技。这两场演讲都展现了雨果独特的演说风格：直率而精巧，经过深入研究和精心修改。他借鉴了米拉波沉稳有力的语调，但又带有抒情色彩，经过刻意排练，有时可能显得过于拘谨，甚至显得有些焦虑[1]。

无论从哪方面看，这位剧作家并非天生的演员，但真正重要的是那些评论。次年夏天，雨果大受左翼欢迎，尽管他们的选票份额稳步增长，但其领导人亚历山大-奥古斯特·勒德吕-罗兰（Alexandre-Auguste Ledru-Rollin）却被迫流亡，因此没有了引领人。在法国围攻罗马期间，路易-拿破仑暗中支持教皇庇护九世（Pius IX）打击意大利共和国成员，雨果对他深感失望。随后，法卢法案又将国民教育的职责重置于神职人员手中，这也令雨果沮丧不已。1850年1月，他激烈地批评了这一法案，骇人听闻地将右翼比作基督教信仰的寄生虫："你们不是真信徒，只是不懂教义的宗派主义者。[2]"他在议会任职的日子不仅坚定了他对共和主义核心原则的信念，如社会福利、世俗教育、全民选举权和言论自由，也加深了他对法兰西共和国和《福音书》作为普世民主象征的思考。当新法律剥夺了超过三

---

1 参见玛丽克·斯坦，《维克多·雨果，政治演说家》（*Victor Hugo, orateur politique*），巴黎，2007，特别是第369—385页。
2 《教育自由》（Liberté de l'enseignement），1850年1月15日，*AP*，第一卷，第182页。

分之一选民的权利,并强制审查新闻和剧院时,雨果与右翼的决裂似乎已成定局。这些法律实质上剥夺了公民投票和公开写作的自由。

路易-拿破仑自己对秩序党内部的分歧及左翼派系的不满也带来了新的挑战。他清楚1848年的宪法限制了他作为总统的权力,而1850年的选举改革可能会削弱他在民众眼中的合法性。这位自封的"王子—总统"一直在慢慢增强自己的国家号召力,作为一个天生的领袖,他赢得了军队的支持,他励精图治主要是为了满足国家的需求,而不是为了在议会中获得政治同盟。雨果惊觉他企图通过修宪得以连任。在1851年7月17日的演讲中,雨果发表了慷慨激昂的演讲,由于反复中断,这场演讲持续了将近4小时。他猛烈抨击了那些想用反共和主义的道德霍乱毒害法兰西的人,并将怒火直接指向了国家元首:"就因为我们曾有伟大的拿破仑,难道我们现在要有小人拿破仑吗?[1]"由此引发的议会骚动持续了好几分钟,而路易-拿破仑过了很久都没能摆脱这个绰号。通过与初代拿破仑比较贬低当代首脑,既是雨果坚定信念的体现,也是对总统的鞭挞。对一个活在19世纪的人来说,模仿曾经的伟人、回溯过去并不是真正的伟大。

作为当选者,雨果躲过了明枪,但《事件报》却难防

---

[1] 《宪法修正案》(Révision de la Constitution), 1851年7月17日, *AP*, 第一卷, 第257页。

暗箭。不久前，夏尔·雨果因公开谴责死刑被判6个月监禁，并在7月底被收监。随后，雨果的小儿子弗朗索瓦-维克多（François-Victor）（为避免与父亲的名字混淆而改名）、默里斯和瓦克里相继以不敬政府的罪名被送入位于巴黎中心的著名的古监狱——圣礼拜堂监狱。虽然环境并不恶劣，雨果和其他宾客，包括女伴们，仍常与他们共餐，但这明显是对雨果家族及与雨果并肩作战者的象征性惩罚。

同时，雨果正因后院失火而焦头烂额，这可能也是他7月演讲时情绪过于激动的部分原因。6月，他的密友圈中那位因他入狱的莱奥妮给朱丽叶寄了自己与雨果有私情的证据，想以此逼迫雨果作出选择。他的第一位情妇虽然时常猜疑他的不忠，但当她确认自己有这么个年轻的情敌，此人还与阿黛尔交好，而自己却只能与正牌夫人保持彼此尊重的距离，她受到了沉重的打击。然而，朱丽叶以坦然豁达的态度对待这一切，她拒绝了雨果立刻与莱奥妮断绝关系的提议，而是给了他几个月的缓冲时间，让他自己在她们之间作出选择。这一手显然比莱奥妮要高明，因为她明白雨果正深陷政治漩涡中，所以选择不给他施加任何压力。

12月，两大危机相继爆发。路易-拿破仑选择了一个意义深远的日子——他叔叔的帝国加冕纪念日和奥斯特利茨的辉煌胜利纪念日——来发动**政变**。这位总统未能获得修改宪法所需的绝对多数的选票，但当议会在10月拒绝恢复普选权时,他在民众中的声望进一步增强。12月2日这一天,巴黎的战略要地被军队占领,反对派领导被捕,一系列旨在巩固路易-拿破仑统治的法令随之出台,包括解散议会和恢复男性普选权。面对这一局面,雨果与其他志同道合的议员迅速组建了反抗委员会,呼吁市民起义。在得知自己的住所被监视后,雨果首先想到的是前往朱丽叶那里。他本能地想要去找那个在议会中专心观看他的演讲,忠实地抄录他的文字,并与他共度了将近20年时光的女人。这一行为似乎表明,与莱奥妮的短暂激情相比,他与朱丽叶之间深厚的关系更为重要。事实上,正是朱丽叶不离不弃,帮他安排了一个又一个的藏身之地。在雨果后来的回忆中,他对朱丽叶充满了感激,而对莱奥妮则只字未提。

政变策划得天衣无缝,再加上巴黎市民对六月起义后的失望,反抗势力难以取得成功。但这反而给了雨果一种自己在道德信仰上不可战胜的感觉。他感叹:"我们甚至连被伟大力量所压迫的快感也没有。[1]"12月3日,另一位代表让-巴普蒂斯特·鲍丹(Jean-Baptiste Baudin)在圣殿市郊街、圣安托万街地区的一个街垒上被射杀,这一消息令雨果震惊(雨果曾和其他反抗者在那个地方开展过辩论)。次日下午,他在林荫大道区附近的一个街垒旁目睹了一场屠

---

[1] *OC* (Laffont),第十一卷,第 1238 页。

杀，看到了一具 7 岁男孩的尸体，尸体的头部连中两枪，这令他十分恐惧。对于雨果而言，路易-拿破仑的统治不仅非法，更是嗜血的。他藏匿了起来，朱丽叶帮他拿到了朋友的护照，12 月 11 日，他借此乔装成工人逃往布鲁塞尔。几日后，她也赶去与他会合。这位过去在法国文学和政坛上有着重要地位的作家，如今成为法国最著名的流亡者。但雨果坚信，他脆弱的帆船终将赢得历史的青睐。"我们所处的，究竟是一个光明的时代，还是一个黑暗的世纪；这取决于我们哪一方决定面对真相。[1]"

---

1 *OC* (Laffont)，第十一卷，第 1250 页。

4 "我仿佛立足生命真正的绝巅"
（1852—1870）

流亡带来的距离感赋予了雨果全新的视角。正如他1854年所述，他觉得自己占据了前所未有的高地。历史准予他与夏多布里昂和拿破仑，当然还有奥维德和但丁一样，体验到了流亡的滋味。他离开了熟悉的街道，踏入了他曾在《诗人的使命》中幻想过的沙漠，摆脱了巴黎生活的争斗与喧嚣。海峡群岛的地貌与海景，近在咫尺却回不去的家乡，流落异国的孤独，这些沿途的景象，迥异的心绪，都深深滋养了他的诗意灵魂。

流亡对雨果来说，是一次身心的历练，如同破晓明灭的微光，与其他人生的转折点一样，给予他的想象力无尽的自由。来到这一人生阶段，面对生命的脆弱和有限，突遭巨变反而令他的眼界变得更为开阔。他的父母分别在49岁和54岁时去世；欧仁终年仅36岁；而阿贝尔1855年2月去世，终年56岁。而当维克多自己步入50岁的大门，目睹第二帝国的崛起，作为三兄弟中仅剩的一人，他或许在忧虑：他的时代是否正在悄然逝去。

置身于汹涌的大海与历史的漩涡之中，雨果发现自己正站在生与死晦暗的边界之上，归属与疏离的矛盾情感不断撕扯。这种视角令人震撼。"我可以看到所有人称之为事实、历史、事件、成功、灾难的真实面貌——那是名为天意的庞大机器。[1]"他早已预料到批评者会嘲笑他不知所云，而他则反驳：云间有雷声隆隆[2]。因此，他的写作更加深入《秋叶集》中的《沉思的斜坡》，走向了大自然无尽的力量所开辟的广阔视野。

这种深远的视角得益于流亡给他带来的全新使命感：他要做一个传递真理的诗人，要选择正确而非方便的道路。他在布鲁塞尔写的信中表示："我从未感到心情如此轻松和满足。[3]"这样的积极声明并不是为了在路易-拿破仑政变后为自己舔舐伤口，而是作为他身体状况良好的证明。"我们的两个儿子身处监狱，而我流亡异地：虽然境况艰难，但也有好处。稍许的霜冻令收获更为丰盛。[4]"雨果在这一信念中得到了平静："被放逐的不是我，而是自由……我已尽力而为，虽败犹荣。[5]"在道德的高地，空气虽寒冷但

---

[1] *CV* (Juin)，第二卷，第 343 页，适用于此引用及本章标题。
[2] 《寻欢作乐》(Joyeuse vie)，《惩罚集》(*Châtiments*)，第三卷，ix，*Pse*，第四卷，第 108 页。
[3] 《致维克多·雨果夫人》(To Mme. Victor Hugo)，1852 年 1 月 5 日，*CRP*，第二卷，第 43 页。
[4] 《致维克多·雨果夫人》，1851 年 12 月 31 日，*CRP*，第二卷，第 38 页。
[5] 《致安德烈·范·哈塞尔特》(To André Van Hasselt)，1852 年 1 月 6 日，*CRP*，第二卷，第 44 页。

清新。

在雨果看来，法国所发生的这一切是"完美至极的无耻"。路易-拿破仑在政变仅3周后的宪法公投中赢得了超过90％的民众投票，但雨果表示："即使这7500000票后面再加上更多的零，我也不会相信这么多的虚无。[1]"他对公投的性质和结果表示怀疑，但他的出发点是衡量正义的天平，而不是确定选举统计数据。没有任何数或量可以抵消清白良心的重量。同样，没有任何军队可以与含毫命简的诗人抗衡。

雨果流亡的时间之长，其间的成就之广，足以写就他一生中最具神话色彩的篇章。这与法国人在纳粹占领期间抵抗行动中所展现的爱国情怀相得益彰。雨果对路易-拿破仑的坚决反对，以及他对新政权的猛烈抨击，都是共和主义的实践体现。以革命理想为名义，他坚定抵抗着时代的重压：

> 如果还有一千人，那好，就有我一份！
> 即使还有一百人，我要和暴君拼命！
> 如果剩下十个人，我就是第十个人！
> 如果仅有一个人，我就是最后一名！[2]

流落异乡，却令他进一步声名远播，成为代表宽容、

---

[1] 《致维克多·雨果夫人》，1852年1月5日，*CRP*，第二卷，第43页。
[2] 《最后的话》(Ultima verba)，《惩罚集》，第七卷，xiv，*EVH*，第243页。

社会福利与团结的不屈之声。

在流亡的岁月中,他崇高的品德与旺盛的创意水乳交融,既跃然纸上,也在生活中绽放。他的笔下诞生了两部广受欢迎的杰作:诗集《静观集》和巨著《悲惨世界》。1859 年,面对路易-拿破仑的特赦邀请,他坚定拒绝,不仅坚守了尊严,更保护了他那重新焕发的诗意灵感。自我奉献与自尊并行不悖,虽然毫无疑问这种无私与自负的结合充满挑战。面对帝国的稳固,无法完成的作品,涌动的欲望以及家人的渐行渐远,他的自我信念仍然充满了不确定性。流亡的日子,不仅是对亲朋耐心的考验,更是对他自己决心的锤炼。

1852—1855:从布鲁塞尔到泽西岛

雨果在流亡初期的 8 个月是与包括废奴主义者维克多·舍尔歇(Victor Schoelcher)在内的政治难民一起在布鲁塞尔度过的。由于担心财产在 1 月 9 日正式驱逐后会被没收,雨果出售了他的股份,并在布鲁塞尔和伦敦重新投资,购买了新的资产和债券。他嘱咐妻子在巴黎的家中拍卖他们的财产,并劝告执着的莱奥妮不要追随他。尽管仍继续为莱奥妮提供经济援助,但他并未设想过他们的未来。雨果向阿黛尔明确表示,这次生活上的重新安排并不包括朱丽叶。朱丽叶与她的女仆住在布鲁塞尔大广场的另一侧，并协助他建立了有规律的工作作息。他希望等夏尔出狱加入他后，这些安排能帮他解决累累负债。雨果在流亡期间，坚持过着朴素的生活，这不仅是为了给他25岁的儿子树立榜样，更是为了与法国新领导者形成鲜明的对比，展现他的高尚品格。

路易-拿破仑也迅速适应了新局势，并采取了行动。等到1852年底，他便得以根据新宪法宣布第二帝国的成立。即将成为拿破仑三世的他，凭借忠诚的军队、无处不在的警备力量和强大的国家官僚机构，为帝国复辟奠定了基础。在维护公共秩序的名义下，审查制度和司法系统压制了任何共和党或保皇党的反对声音，约有6000人被监禁或驱逐。更多的人不得不流亡。新政权旨在让公众脱离政治，因此大力促进经济增长和城市发展［其中包括奥斯曼男爵（Baron Haussmann）于次年开始的巴黎改建］，并且采纳大受欢迎的外交政策（在19世纪50年代中期，法国成功地与英国和奥斯曼帝国结盟，在克里米亚战争中击败了俄国沙皇）。帝国在巩固其权力后，会从专制主义逐渐转向更自由的立场，并通过扩大其海外领土和农业、交通和金融现代化，为法国社会带来了新的繁荣[1]。

---

1 参见罗杰·普莱斯（Roger Price），《法兰西第二帝国》（*The French Second Empire*），剑桥，2002，第二部分；罗伯特·吉尔迪亚（Robert Gildea），《革命的孩子们：法国人，1799—1914》（*Children of the Revolution: The French, 1799 - 1914*），伦敦，2008，第59—65页。

然而，对于雨果而言，这位准皇帝在掌权之路上所犯下的罪孽绝不可饶恕。5月底，他完成了《拿破仑小人》(*Napoléon le Petit*)这本书，由同为流亡者的皮埃尔-儒尔·埃策尔出版。以小册子的形式，用疾如烈火的文字，对路易-拿破仑及其党羽展开了毫不留情的抨击。他抱怨道："上帝啊！我们已经沦落到此种地步，以至于不得不提醒自己这政府由何而来了吗?！"书的末尾提出了防止类似政变再次发生的改革建议，如分散权力与分离教会与国家，然而无疑，雨果之手笔更多出自愤怒而非乐观。"路易·波拿巴是活灵活现的伪誓者，是有血有肉的真奸贼。"[1] 此书摘录遍布自美洲至亚洲的报纸，首印8000册抢购一空。

在8月7日出版此书前不久，雨果迁至泽西岛，在那里举家团聚，只有弗朗索瓦-维克多除外，他直到服刑期满才在同年稍晚时候与家人团圆。雨果选择该岛，不仅因其靠近法国，拥有欣然接纳法国流亡者的悠久历史，更因那在浪涛之中的放逐暗含拿破仑式的意蕴[2]。他知道他不能留在布鲁塞尔，因为比利时的首长们不愿惹恼他们的邻居，但他也不想去伦敦。他抵达泽西岛时，受到热情群众的夹道欢迎，其中包括欧洲流亡者兄弟会（Société Fraternelle of European exiles）。这一家子很快搬进了圣赫利尔郊区海边

---

1 《拿破仑小人》，第三卷，第七卷，i，*Hst*，第一卷，第63页，第151页。
2 皇帝首先被流放至厄尔巴岛（1814），然后被流放至圣赫勒拿岛（1815）。

的一所大房子——海滨别墅（Marine Terrace）；朱丽叶则在城里找了一套公寓安家。

《拿破仑小人》只是先声之击。"皇帝的一面已经烤熟了。"雨果讥讽地告诉埃策尔，是时候"将他在烤架上翻个面"[1]——或者，更刻薄地说："既然这骗子有两颊，我必须打他两巴掌。[2]"他现在能更自如地写诗。那个冬天，他给埃策尔对于诗集长度的预估在一个月内翻了一番，达到了3000行。近一年后，在1853年，埃策尔在布鲁塞尔秘密地发起了一场出版活动，确保这部煽动性的新作能够巧妙地避过警方监视。书名在《复仇女神》（*The Avenging Furies*）、《复仇者之歌》（*Avenger's Song*）和《复仇韵律》（*Vengeful Rhymes*）等几个选项间徘徊，最终定名为《惩罚集》（尽管"鞭挞"或许更能体现法文中的激烈情感）。从复仇转向警告，雨果希望这些诗被视为一种道德干预，而非个人报复。它们虽然嘲讽，却预示着历史不可逃避的审判。

雨果的斥责通过多种形式保持了其尖锐的讽刺，从抒情诗和史诗到对话和沉思，其中拿破仑三世现了不同的面目，如暴君、野兽及马戏团演员。以悼念之作《黑夜》（Nox）开篇，通过7个部分展开来回忆政变，每一部分都

---

[1] 1852年11月18日，*CRP*，第二卷，第132页。
[2] 《致诺埃尔·帕菲》（To Noël Parfait），1853年5月初，*CRP*，第二卷，第151页。

借用了第二帝国自身的说辞来削弱其权威。如《社会得到拯救》(Society is Saved)和《秩序得到整顿》(Order is Restored)这样的标题引领读者进入近百首诗篇,这些诗篇烧焦了帝国的华丽外衣,揭露一个不配继承法国历史的、道德败坏的政权。他叙述了与那个小男孩悲痛祖母的会面,这个男孩"脑壳被炸开,像是开裂的木柴",并指控"拿破仑先生"所实施的政策为罪魁祸首:"正是为了这一切,才要年老的奶奶,/用因为年迈而已颤抖的灰白手指,/给七岁的孩子把裹尸的布缝制。"[1] 随后,将军、法官、牧师和政治家们相继被点名羞辱,他的诗宛如炙热的烙铁,为他们的声誉烙上了罪印。

他的正义力量不是来自人的法律,而是来自一种为黑夜带来光明的神圣秩序。在 300 行的史诗《报应》(The Expiation)中,诗人与皇帝之间的较量揭示了历史上更大的正义与邪恶之间的斗争。第一位拿破仑反复询问上帝,他的失败和流放是不是一种惩罚。他得到的回答是"不是"。只有在他的墓穴中,这位垮台的皇帝被唤醒,展示给他的是 1799 年政变的真正惩罚:他的侄子劫持了帝国的遗产。"你是他们的俘虏!他们肮脏的爪子/紧握着你的铜趾!"[2] 到了书的结尾,过去的荣耀与现在的耻辱之间的夸

---

1 《4 日晚上的回忆》(Souvenir de la nuit du 4),《惩罚集》,第二卷,iii,*Pse*,第四卷,第 66 页。
2 *EVH*,第 149 页(《惩罚集》,第五卷,xiii)。

张对立已经转变成"夜"之阴郁和闭幕之"光"的辉煌之间更大的对比,诗人预见到一个免于暴政的、光明的、新的黎明。雨果自比以赛亚(Isaiah)和约翰(John)这样的先知(后者在拔摩岛的流放中写下了《启示录》),他将共和主义与灵性结合起来,剪断了帝国之鹰的翅膀。将拿破仑一世自己的政变描绘为必遭报应的行为,强调了雨果对未来的信仰现在依托于民众,而非如他年轻时那样,依托于不切实际的领袖们。

雨果并非仅通过言辞来将自己塑造为道德正义的仲裁者。14年前,银版摄影法已被专利保护,雨果认为它优于平版印刷制作。抵达海滨别墅没几个月,他就设立了一个工作室。摄影成为夏尔与其姻亲瓦克里共同的爱好,同时,摄影也是一种很有前途的艺术媒介;通过摄影,他帮助他的父亲扩宽了自我表达的途径。尽管雨果从未站在相机后面,但是他充当艺术指导,鼓励强烈对比和不规则线条的游戏;除此之外,他还在1853年5月让儿子前往卡昂,与摄影师埃德蒙·巴科(Edmond Bacot)一起练习。同年夏天,他宣布自己计划出版一本文字照片集,书名为《泽西岛和海峡群岛》(*Jersey and the Channel Islands*),但《惩罚集》的推出让出版商十分不安,因此这些图像只是在朋友圈子内流传。

更多的照片随之而来,例如1862年巴科访问雨果时所拍摄的照片;这些照片确立了摄影对雨果公众形象的重要性。仅泽西岛时期就产生了大约350张捕捉家庭及其周围环境的底片。其中超过60张是雨果的肖像，三年后，这些肖像出现在瓦克里的著作《侧写与怪相》(*Profiles and Grimaces*)和插图版《静观集》中。雨果有三个喜欢的姿势：沉思的诗人，手托额头；坚定的共和国支持者，双臂交叉，面部紧绷；坚忍的流亡者，手探入外套，侧面拍摄。他独自站在海岸线岩石上的照片或闭着眼睛"倾听上帝"的照片，对于他正在创作的诗歌中想要投射的自我形象至关重要[1]。鉴于这种媒介具有暂停时间的能力，能够为过往的瞬间或缺席的流亡者赋予象征性的形象，他对摄影的兴趣也反映了他在诗歌方面的考量。

在泽西岛的日子里，雨果找到了与逝去事物沟通的新途径。1853年9月，正逢利奥波迪娜的祭日，家庭朋友德尔菲娜·德·吉拉尔丹（Delphine de Girardin）在拜访时，向雨果一家介绍了桌击法——一种通过敲击桌子，让灵魂与生者交流的方式。得益于大西洋两岸对19世纪中叶灵异主义的热衷，桌击法已在巴黎成为一种时尚的消遣。这种降神会令人着迷。阿黛尔和孩子们在享受与朋友们漫长夜谈的同时，也怀念着巴黎，因此，这新奇刺激的体验成了他们的心头好。在这段无法再为女儿扫墓的日子里，雨果深

---

[1] 尼科尔·萨维（Nicole Savy），《胜败之间（1852—1862）》（Victus, sed Victor (1852-1862)），收录于《与太阳合作：维克多·雨果，流亡时的摄影》(*En collaboration avec le soleil: Victor Hugo, photographies de l'exil*)，弗朗索瓦丝·埃尔布伦（Françoise Heilbrun），丹妮尔·莫利纳里（Danielle Molinari）编，巴黎，1999，第16—39页。

深为灵性着迷，因为它能挑战经验理性，唤起一切生命的联结；这颇具诗意与政治意义。他也广泛阅读了关于神秘主义及永恒的创造源头与其凡间形象之间关系的书籍。由于1830年代末便与亚历山大·威尔（Alexandre Weill）相识，他对犹太神秘主义的某些元素颇为熟悉，并在流亡期间阅读了关于印度轮回说的文章[1]。当地的民间传说进一步滋养了他对灵魂转世的兴趣。泽西岛的新石器时代巨石墓和其所谓的幽灵都引起了雨果的注意，其中一位——白女士（White Lady）——据称在海滨别墅与他有直接的接触。

在随后两年里，雨果一家与逾百灵魂沟通。首先是利奥波迪娜，这奠定了全家对于通灵的持续热情。以夏尔作为主要的通灵媒介，他们围坐在一张小巧的三脚桌旁，与以赛亚、先知穆罕默德（Muhammad）和莎士比亚等历史巨人进行了对话，随后转录成诗或散文。所有这些灵魂都说法语，与他们交流得十分顺畅。转录的文字中透露出浓厚的雨果式风格，不禁令人怀疑这些信息的真实性。同样，这些记录似乎主要反映了参与者的潜在愿望，并极大地恭维了雨果。有几次降神会中，耶稣批评了泽西岛的德鲁伊历史及基督教，并呼吁新宗教的先知出世，这与雨果的诗歌理念不谋而合。

---

[1] 关于雨果流亡期间灵性兴趣的简明描述，参见苏迪·哈扎里辛格（Sudhir Hazareesingh），《法国人是如何思维的》（*How the French Think*），伦敦，2015，第66—70页。

夏尔·雨果,《维克多·雨果立于流亡者之岩上》(*Victor Hugo on the Rock of Exiles*),泽西岛,1853。

奥古斯特·瓦克里,《维克多·雨果倾听上帝》(*Victor Hugo Listening to God*),1853。

这些对话的真实性并非关键所在。重要的是雨果坚信这些灵魂的存在,以及他赋予"存在"(être)与"幽灵"(spectre)的密切关系。这种记录与超现实自动主义或用来治疗的心理描述法有异曲同工之妙,都是一种通过赋予心灵自主权来探索灵魂深处的方式[1]。在与灵魂交流的过程中,通过敏锐的想象力,他得以洞察灵魂的世界,这促使

---

[1] 参见约翰·钱伯斯(John Chambers),《维克多·雨果与灵界的对话》(*Victor Hugo's Conversations with the Spirit World*),纽约,2008。

他重新思考时间的无常流转，将其视之为永恒的生命之力。他思维的演进不拘一格，而通灵构成了其中最为独特的一环，绝非仅仅是客厅游戏。招魂术滋养了他关于跨时代善恶清算的思想的同时，也刺激了他的创作力，在 18 个月内，他创作了超过 200 首诗歌。"我正在诗歌的浩渺海洋中漂流。"他欣然道[1]。尽管埃策尔再三催促，但是《悲惨世界》（原名《悲惨》）的出版还是推迟了。反而在 1854 年 7 月，雨果签下了新诗集《静观集》的出版合同。

1855 年 9 月，桌击法的实践终止。一名年轻的参与者儒勒·阿利克斯（Jules Allix）因此精神崩溃，这让雨果想起了欧仁，对他是一次警醒，追求异象而放弃理智可能需要付出的代价。现实世界的压力也与日俱增。雨果虽然尽量避免参与兄弟会的内部争斗，但他无法对在克里米亚战争中的英法联盟保持沉默。1855 年 6 月，他发现家门上被涂写了"雨果是坏人"的字样，还在外出散步时被石块击中头部。那年秋天，流亡者的报纸《人》（*L'Homme*）发表了一封尖锐的联名信，质疑维多利亚女王（Queen Victoria）作为君主和女性与拿破仑三世结盟的决策。雨果认为这封信品位低下，但他公开宣布声援该报被禁止入岛的工作人员。在他自己的驱逐令不可避免地下达之前，他选择离开泽西岛。雨果一家和朱丽叶再次被连根拔起。10 月 31 日，

---

[1]《致埃米尔·德夏内尔》(To Émile Deschanel)，1855 年 1 月 14 日，*CRP*，第二卷，第 205 页。

他们抵达了面积较小的根西岛。尽管途中风浪起伏,但岛上的迎接却是热情无比。与此同时,整个 11 月,英国本土涌起的支持性抗议活动也有着同样的热情。

亨利·穆林斯(Henry Mullins)摄,维克多·雨果(右)与其儿子夏尔(左)和弗朗索瓦-维克多(中),1860。

夏尔·雨果摄,阿黛尔·雨果(左)与其父母的照片,约1853—1855。

4 "我仿佛立足生命真正的绝巅"(1852—1870) 139

奥古斯特·瓦克里摄,雨果一家在根西岛的照片,约1855—1856。从左到右:夏尔·雨果,他的背后是妹妹阿黛尔,他们的母亲,她的背后是弗朗索瓦-维克多,以及他父亲的侧面。

1856—1861：诗人的巅峰

如果《惩罚集》相当于雨果在跨过新阶段的门槛时清理鞋上的污泥，《静观集》则无疑标志着诗人步入巅峰。这部他迄今为止最具豪情的诗集一经发表便大获成功。诗集于1856年春在巴黎和布鲁塞尔出版，由于内容并无明显的政治色彩，故未被帝国或邻国禁止。《静观集》囊括了158首诗歌，其中大部分写于1840年代初，但也有些可以追溯到更早的10年前。诗集分为两卷，《往日》（Once）和《今天》（Today）。第一卷回溯至利奥波迪娜1843年去世之前的岁月；第二卷则深入描绘了诗人从深沉的哀恸中逐渐觉醒，对生命的奥秘有了新的领悟。两卷都充斥着哲学家般强烈的好奇心，探索为何生活总是苦乐相伴，并沉思宇宙的深远意义。他通过眺望宇宙，试图理解自己在大千世界中的经历；从而，死亡在他眼中成为永恒创造的一环，如同"把王座变成绞架，把绞架变成王座，/……把黄金化作垃圾，……母亲哭得泪水成小溪。[1]"以他女儿的坟墓作为两卷之间的分界线，将诗集分为上下两卷，展现了死亡不仅是生命的终结，更是时间长河中的一个关键节点，引发

---

1 *SP*，第200—201页［《死神》（Mors），第四卷，xvi］。

了对宇宙神秘力量的深思与探索。

他对诗歌的创作日期进行了调整，并按照心理发展的逻辑而非严格的时间顺序排列，但这绝非为了蒙骗读者。相反，他呈现了情感演进的过程，与生命繁衍的观念相辅相成。正如《序言》中所称的"灵魂回忆录"，他期望通过自己的一生来探讨每个生命体的存在。他向读者承诺，将带领他们从摇篮到棺木，历经青春、幻想、绝望，直至触及无穷的边缘。《序言》中将生命比作涌入灵魂的溪流，这一形象通过诗中的内在节奏得以强化，并衍生出一个核心隐喻：将《静观集》视作反映生命的镜面。"请拿起这面镜子，照照你自己……我给你们谈我的时候，我谈的就是你们。"他的这种视角只有在意识到生命的统一性时才显得尤为深刻，"（我们）如同同一颗泪珠，从同一只眼中滑落。"[1]

雨果巧妙地结合了他的公众形象与内心世界，以此推动自己的反思。例如，《答一份起诉书》（Reply to a Bill of Indictment）这首诗描绘了一个叛逆的作家，他"把高雅情趣，法国古老的诗句踩在脚下"，并"用自由的色彩为古老的词典披上新衣"[2]。有些诗歌则深入探讨了他的内心世界，如《敲门时》（While Knocking on a Door），诗中他沉痛

---

[1] 《何为死亡》（Ce que c'est que la mort），《静观集》，第六卷，xxii，*Pse*，第三卷，第388页。
[2] *SP*，第163—167页，第一卷，vii。

地细品着失去父母、兄弟和前两个孩子的痛苦。其中最广为传颂的诗篇是众所周知的《明天天一亮……》（At dawn tomorrow...）——也是法国文学教育中的经典。这首简短的诗描述了诗人前往女儿墓地的旅程。他在她身边找到了安宁和满足，正如最后一节诗独特的韵律以及金色夕阳，盛开的红色石楠和翠绿的冬青所构成的丰富色彩所传达的那样。通过回忆，他并不是在寻求悲伤的终结，而是试图将这种痛苦纳入对生命更为全面的感悟中。

如此怀疑与信仰的融合为他的精神探索历程带来了新的启示，让这部作品堪比特殊的宗教文献。这份私人典籍相较于他青春时期的基督教皇家诗歌更为世俗，且因融合了多种来源而显得更随心所欲。它巧妙地结合了欧洲浪漫主义的神秘元素，如包括基督教的世界宗教，以及从古希腊哲学到当时的圣西蒙（Saint-Simon）人道主义等多种理性思想。他坚信有一位慷慨的神，作为生命的源泉与核心，其完美之境超越了人类的想象，其光辉如此璀璨，任何人的眼睛都无法测量其无穷的辉煌。

这部作品中，光明与黑暗的对比构成了主要的反差。神圣之光既非基督教教义所描述的上帝，也非18世纪自然神论中的神，但雨果对它们都有所汲取和重新诠释。通过理性和道德情感，可以窥见部分神性，但由于死亡带来的局限，我们无法完全洞悉神的真谛。然而，通过感受上帝在一切事物中所展现的无边力量，我们不能完整地，却能真切地体会到神的存在。生命不仅仅存在于自然的有机体中，它遍及整个宇宙，从诗人脚下的石头到头顶的星辰，即使这些星辰在宇宙的广袤中只是如"昏暗墓穴中的鹅卵石"般渺小[1]。故此，宇宙中的万物都在诉说着，而诗人有幸能够聆听这些无尽的对话。

第一卷在《小中见大》（Magnitudo Parvi）这首篇幅最长的沉思诗中进入尾声，巧妙展现了雨果形而上学的思想。与女儿在夜幕降临时漫步，他凝视着"天上的黑书"，对于宇宙中无论大小或地位，所有事物都与彼此平等共存的奥妙深感赞叹。视线尽头，牧人的火与星光交相辉映，这对孪生的火苗将他的目光引向天与地两个相反的方向。在这广袤的宇宙中，他感受到了"存在的风暴"和"创造的海洋里永远奔腾飞舞的浪花"。这种包罗万象的律动必须通过动态的视角而非简单的画面来捕捉。诗歌的异规结构呼应了他所观察到的和谐而又不断变化的宇宙，而诗歌的语言则勾画出既生动又引人入胜的景象。罕见的复数形式（"创造这些星星的巴别塔，升上这些黑夜的巴比伦"）；矛盾修辞（"梦境的世界！真实的理想！"）；并列（"这是崇高的荣耀！还是狰狞的燃烧！"）；整体化（人的孤独既是峡谷又是山脉）；拟人化的结构（活生生的影子，狂呼的岩石，歌唱的火焰）——所有这些都为我们描绘出一个生机勃勃

---

1 SP，第220—221页［《唉！万物都是坟墓……》（Hélas! Tout est sepulchre . . .），第六卷，xviii］。

而又神秘莫测的宇宙。

《小中见大》为第二卷的尾声埋下伏笔，在轮回转生的背景下，雨果展现了对艺术照亮人心的不懈追求。另外两篇重要作品——《麻葛》(The Magi) 和《黑暗的大口在说话》(What the Mouth of the Shadows Says)——进一步完善了这部诗集，它们深入探讨了诗人培养对宇宙认知——即被形容为"树木、山脉和水域的《圣经》"——之责任，并凸显其神学观点的道德价值。第一首诗的标题让人想起了最古老的神教之一——琐罗亚斯德教，其祭司坚信一个充满慈悲的创造者，并信仰自由意志；同时也令人联想到《圣经》中拜访耶稣的贤者。雨果高度赞扬了想象力的开放，认为这是真正的祭司所需的唯一仪式，其中心灵成为神与其造物之间的桥梁，是一个短暂而不断演变的领域。从阿里奥斯托（Ariosto）到琐罗亚斯德（Zarathustra），无论是艺术领域的的普里马蒂乔（Primaticcio）还是哲学领域的毕达哥拉斯（Pythagoras），每个人都看到了永恒的"浩渺"，并努力拓展人类知识的边界，让"流动的神性"更自由地融入文明之中。这种流动性解释了《静观集》对于如风、潮汐和电之类的能量流之迷恋，以及其对生命起源的设想，认为它是不受约束和未被安排的事件，与20世纪的大爆炸理论有着异曲同工之妙[1]。

---

[1] J.C. 艾尔森（J. C. Ireson），《维克多·雨果：诗歌的伴侣》(*Victor Hugo: A Companion to his Poetry*)，牛津，1997，第191页。

在第二首诗中,雨果深入探讨了这个感知宇宙的道德内涵。在这样一个生死交织的宇宙里,当肉体逝去,灵魂会消散在广阔的存在之轴上。它或是趋近光明,或是深陷黑暗,这取决于其对生命纽带的珍视或忽视程度。灵魂散发的爱愈浓烈,对生命的平等感愈深,神性就愈为明朗;而对这光明的抗拒愈强,灵魂面临的湮灭风险就愈大。那些冷酷的心灵可能会化为人的唾液[犹大(Judas)],山川的轮廓[宁录(Nimrod)]或是炉中的火焰[尼禄(Nero)]。只有深沉的慈悲能为之带来救赎。因此,雨果呼吁读者尊重所有生命,无论是圣人还是蛞蝓,并去感知从刽子手的斧头到大自然的每一处都回响着的哀愁。最为关键的是,这种责任完全在于我们自己。人的命运并非上帝所预定,因为在这个自主的世界中,神的存在并非始终明晰。相反,"万物都有自己的标尺",必须自行探寻。"自由之下,人知晓善恶的分界……请重燃那已熄灭的灵魂!"[1]如同在《惩罚集》中,诗的结尾充满希望,由天使的呼喊点燃:"重新开始纪元!"

这不仅是一个含蓄的结尾,更是一个坚定的承诺。在雨果看来,真正的福音才刚刚开始:"我认为基督教的时代已经过去。对于革命之子而言,即使是路德(Luther)的

---

[1]《静观集》,第六卷,xxiii, xxvi, Pse,第三卷,第395页,第438页。

长袍也显得过于束缚。[1]"在随后的6年中,他进一步深化了这一主题。《历代传说》(The Legend of the Ages)反映了他对人类崎岖历程的灵性解读,从伊甸园和罗马开始,经由基督教、伊斯兰教和异端,直至文艺复兴和1789年。序言明确指出,这部作品旨在"从人类的历史、传说、哲学、宗教、科学等各个方面,相继而又同时地描绘它,这一切方面可总结为唯一的无穷无尽的走向光明的上升之旅[2]"。他计划用两部在泽西岛开始创作的宏大诗集来补充这部史诗。通过两位对立的主角来探讨邪恶与无限的恩典,《撒旦的末日》(The End of Satan)和《上帝》(God)进一步深化了《历代传说》的道德和宗教背景,同时也展现了雨果对但丁和弥尔顿的深厚敬意。在《撒旦的末日》中,堕落的路西法(Lucifer)通过其女儿莉莉丝(Lilith)在人间散播残忍的种子。但上帝从撒旦的翅膀中创造了另一个女儿,也是天使,名为自由,她最终从寒冷、无光的深渊中拯救了她的父亲,为人类带来了救赎。《上帝》进一步描绘了神的形象,一个超越了人类的理解和表达能力的神秘存在。诗人不懈却又徒劳地尝试突破他知识的局限,以求令他探索的空虚始末丰满一些。

《历代传说》是雨果生前所发表的,先是在1859年的

---

[1]《致维克多·舍尔歇》(To Victor Schoelcher),1857年1月12日,CRP,第二卷,第262—263页。
[2] SP,第313—314页。

秋天出版，随后在 1877 年和 1883 年分别推出了两个续篇。尽管评论家们普遍认为它不如《静观集》通俗易懂，但其诗歌的宏大构想和自信的叙述者吸引了众多读者。《撒旦的末日》和《上帝》均未完成，仅在雨果去世后才得以出版，部分原因在于这两部作品对雨果的创作要求极高。与《历代传说》相似，其繁富的篇章中融合了雄壮的亚历山大诗体，百科全书般丰富的学识和神秘的异象。更进一步说，每部作品都进一步深化了雨果那深奥的文学语调，而《上帝》的未完待续恰如其分地迎合了诗集召唤出的不可知的神：

> 思想刚刚展开，言语便将其扭曲。
>
> 该怎样描绘深渊的面容，
>
> 无边无际生命的形态
>
> 充实与全能的姿态？[1]

更明显的是，这些作品并没有实现《历代传说》的目标之一，即颂扬 19 世纪作为历史中向和谐未来过渡的关键时期。《历代传说》显然跳过了法国大革命，直接进入了一个摆脱了暴政、匮乏和迷信的 20 世纪。《撒旦的末日》原定以 1789 年自由天使（Liberty）为路西法的赦免而毁灭巴

---

[1] *SP*，第 528—529 页，第二卷，viii。

士底狱作为结尾,但显然雨果从未完成这一部分。结合以上两个问题,他将革命视作终结人类弊病、即刻开启新时代的方式,这种观点带有浓厚的福音派色彩。这几本书深入描述了崎岖蜿蜒而非直线行进的人文发展进程,其中神的存在似乎遥不可及,因此,诗集中的事例都显得不太具有说服力。尽管面临种种挑战,这三部诗集仍然在灵性、历史和幻想的交融中展现了雨果持续的创作激情。

雨果充沛的创造力已经远超文学的领域。《静观集》所带来的丰厚收益赋予他一个新的创作舞台:他在圣彼得港购置了一栋豪宅,取名为"高地之屋"(Hauteville House)。奥特威尔 38 号比他先前租住的地方更为开阔,有一个更大的花园,俯瞰大海。在泽西岛,由于与善于园艺的好友、同为流亡者的阿道夫·勒·弗洛(Adolphe le Flô)交好,他越发喜爱生机盎然的花园。而雨果的另一位挚爱朱丽叶也在附近找了一栋小屋居住,从那里她可以望见楼上阳台的诗人(当他在户外冲凉时,路人也能瞥见他的身影)。他曾言:"这所房子是《静观集》的结晶",而不仅仅是一笔经济债[1]。这栋房子本身便是一首诗——如夏尔所述,"它是一座名副其实的三层真迹",通过精致的布艺、木工、陶

---

[1]《致朱尔·雅南》(To Jules Janin),1856 年 8 月 16 日,*CRP*,第二卷,第 257 页。

瓷和玻璃工艺，呈现独特的魅力[1]。雨果邀请了当地的工匠来实现他对这座建筑的设计构想，并在朱丽叶的协助下，淘遍了岛上的杂货店和古董商店，装饰和家具全都经过精心挑选。

高地之屋后部景观，根西岛，2017。可以看到雨果为工作空间特意建造的玻璃瞭望台位于房子的右侧顶部。

---

[1] 玛丽·雨果（Marie Hugo），劳拉·雨果（Laura Hugo），让-巴普蒂斯特·雨果（Jean-Baptiste Hugo），《高地之屋：维克多·雨果，装饰设计师》（*Hauteville House: Victor Hugo, décorateur*），巴黎，2016，第7页。

高地之屋的餐厅，天花板上装饰有挂毯，壁炉周围则是陶瓷砖，T. B. 班克斯和公司（T. B. Banks & Co.）摄，约1900。房间的镶板上雕刻有拉丁文铭文，包括 absentes adsunt（虽缺席，仍在场）和 Ego Hugo（我是雨果）。

高地之屋在19世纪60年代初完工后，成为雨果对创新审美和生活方式的独特见证。如今，通过博物馆的导览，人们可以尽情体会这栋建筑的魅力。现代煤气灯照亮了这个经过精心设计的空间，正如雨果的戏剧布景一样独具匠心。走廊的木制横窗镶嵌了玻璃瓶的底部，仿佛为来访者开启了多重视角，同时让空间更有流动感。在挂毯休息室中，天花板与墙壁完美融合，挂毯在中央的桌子（实际上是一扇回收利用的门）上方和周围铺开；而在餐厅旁的通道中，装饰性的盘子巧妙地摆放在头顶和侧面的架子上。

餐厅墙上雕刻着文字，面向花园的窗户之间摆放着永远空着的椅子，代表着缺席的灵魂，由几十块瓷砖拼成的双 H 图案，将家族姓氏的第一个字母和房子的首字母融合在一起。上层同样值得访客悉心品读，文艺复兴、哥特式和东方主义的风格在这里融合呈现。其中的拉丁铭文 Nox, Mors, Lux（夜晚、死亡、光明）提醒着访客们雨果的信仰：只有经历黑暗和斗争，才能追求到真正的光明和自由。这一思想在从阴暗的主走廊到通往上层的楼梯的设计中得到了体现，楼梯上方的椭圆形天窗洒下自然的光线。此外，房子的顶部设有一个玻璃"瞭望台"，在晴朗的日子里，雨果可以从这里眺望远方的法国海岸，也可以在工作时观赏潮汐。

雨果为壁炉设计的陶瓷装饰中，双 H 标志不仅象征他的名字，同时也可视为对路易-拿破仑在公共场所频繁标注自己名字首字母习惯的回击和质疑。

维克多·雨果,《沃日山脉中的城堡的回忆》(*Souvenir of a Castle in the Vosges*),1857,钢笔与棕色墨水、水粉和模版画。画中的城堡轮廓参差不齐,仿佛从深褐色的迷雾中逐渐浮现,这种表现手法生动地揭示了记忆模糊、难以捉摸的特性。

构建高地之屋所需的视觉和空间想象力也充分挥洒在其他艺术作品上。从年轻时起,雨果就开始绘画,并在旅途中为家人创作人物漫画和素描。在给朋友的名片上,他用装饰性但不规则的字体将自己的名字或首字母投射到页面上,这是一种对艺术签名传统的玩味。随着雨果诗意**视野**的理念日益深化,他的艺术风格也变得更加内敛深沉。他只在纸上画画,主要创作小型的钢笔和墨水画。在他的作品中,风景和轮廓是闪动的,逐渐消融在光明与阴影之中。这些作品对对比和抽象上的强调超越了颜色和形态,呈现了一颗在物质与情感之间徘徊的心。即使是他更具象的绘画作品,如《被吊死的人》(The Hanged Man)(这幅画是为了表达他对1854年一个英国人被处决时的愤慨),所呈现的视觉场景也是不同寻常的。这幅画中有着一个没有面孔,却明显是人类的躯体,悬吊在上方的刺眼光线与下方的深邃黑暗之间。

在流放期间,雨果展现了极强的实验精神,他特别青睐能充分体现形状和形式未完成之美的图像。这些作品呈现出创造与侵蚀并存的世界观。除了常规的墨水和石墨,他还巧妙地使用了黑莓汁、咖啡、浸墨的蕾丝和煤烟等易腐材料。他用羽毛笔尖绘画,并用笔毛涂色,有时甚至闭上眼睛,用左手代替他习惯的右手,让潜意识执掌。他还采用了一些与20世纪艺术实践相似的技巧,如使用镂空模板,其中城堡的形象依靠被遮挡的部分来展现;以及对称

154　雨果

维克多·雨果,《平原上的小镇》(*Town on a Plain*),日期不详,墨水、水彩和水粉。雨果有趣的签名比地平线上的小镇更为显眼,这似乎暗示他的自我认知胜过了他的观察力和表现力。

4 "我仿佛立足生命真正的绝巅"(1852—1870) 155

维克多·雨果,《三棵树》(*Landscape with Three Trees*),1850,钢笔、墨水和铅笔。这幅明暗对比的作品让人想起伦勃朗(Rembrandt)1643年同名的著名蚀刻版画作品。

构图,仿佛是赫尔曼·罗夏(Hermann Rorschach)墨迹的先行者。他的绘画大多只在亲友间流传,而在他生前,这些作品远不如他的文学作品那样广为人知。直到他去世三年后,默里斯在巴黎为他举办了首次展览,之后,文森特·梵高(Vincent Van Gogh)对这些作品评价为"令人震撼的佳作[1]"。

高地之屋对雨果而言不仅仅是一座建筑,更是他另一种自我实现的舞台,这得益于其卧室的位置——隐藏在与家政宿舍相通的阁楼工作空间。他在私人日记中用加密条目记录了他的性生活,主要与家中的女仆有关,而在院墙之外,几乎可以肯定他曾予根西岛的妓女发生过关系。视觉和触觉带来的愉悦(或许仅是他的幻想)令他不断沉沦。尽管如此,他对日记中女性的关心和关注是真挚的,并赠予为她们冬季取暖和额外的衣物等礼物。作为坚信女性应享有投票、受教育和就业机会,以及将性解放和自由恋爱视为基本人权的共和主义者,他慷慨而谨慎的赠予既是出于礼貌,也是一种补偿。他对女性身体的迷恋并未转化为对女性的厌恶或暴力行为,也未影响他对性别平等的坚定信念。相反,他坚定地认为女性应当从经济胁迫中解放出来,并与男性享有同等的社会和法律地位。这一坚定立场在《惩罚集》中他向社会主义者波琳·罗朗(Pauline Roland)致敬的诗歌,以及《静观集》的《哀伤》(Melancholia)中得以体现。

---

[1] 皮埃尔·若热尔,《维克多·雨果的素描》(*Drawings by Victor Hugo*),伦敦,1974,第 3 页。

保罗·舍奈（Paul Chenay），《约翰·布朗》（*John Brown*），1860：这是雨果的《法律的化身》（*Ecce Lex*）或《被吊死的人》（1854）的雕刻版，使用钢笔和棕色墨水在石墨铅笔、黑墨和木炭上绘制。雨果此画是为了抗议 1854 年根西岛上一个英国人的绞刑而绘制的，后来在美国废奴主义者约翰·布朗（John Brown）被处决后，由舍奈雕刻。舍奈是阿黛尔·雨果的妹妹朱莉（Julie）的丈夫。

维克多·雨果,《蕾丝与幽灵》(*Lace and Spectres*),约 1855—1856,墨水、蕾丝和木炭画。雨果巧妙地将蕾丝浸入墨水中,然后压在纸上,并加入细致的笔触,充分展现了这种有图案的材料的不规则特性。作品中混合了多种艺术影响,既有亚历山大·科岑斯(Alexander Cozens)和约翰·康斯特勃(John Constable)的"漫涂"(blottesque)技术,也有19世纪对无意识神秘主义的迷恋。

4 "我仿佛立足生命真正的绝巅"(1852—1870) 159

维克多·雨果约1864—1869年创作的抽象墨迹作品。各种形态相互交织，流淌，为这片墨色之中带来深度与动感，令图中的形状若隐若现。

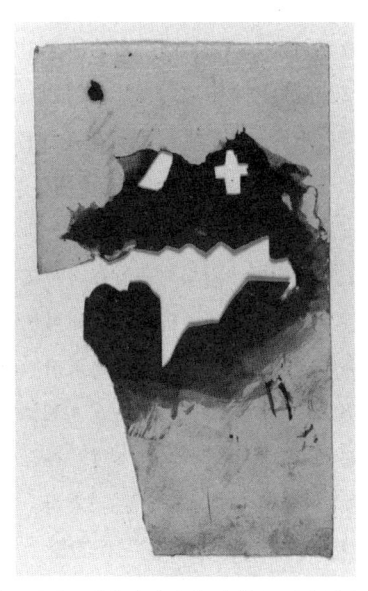

维克多·雨果，《带有十字架的剪纸（为利奥波迪娜的墓碑所作的研究）》(*Cut paper with a cross (study for Léopoldine's tomb)*)，约1858，墨水和模板。是一只伸入黑暗的手，还是一个吞噬光明的怪物？雨果使用模板和剪纸技术，同时囊括了多种可能性。

日记中的加密内容充满了强烈的暗示，因此，雨果利用编码来避免被人发现的理论显得不太可信，特别是考虑到他去世后将所有的手稿捐赠给了法国国家图书馆。他的加密内容表明，即使在最私密的时刻，他的想象力依旧活跃。女性的名字被巧妙地隐藏在其他词语之间，而她们的身体则被隐喻为地貌特征。人类和自然世界相互融合，例如"瑞士"可以解读为指代乳房（山峰和牛奶），而对森林和峡谷的提及同样充满了色情意味。他的言辞和行为指向了一个不仅有感知能力，而且在生命的涌动中充满感性的宇宙。由于《静观集》中描述的无尽的创造本质上是充满爱的，它也可以永远充满激情："而充满爱意的生命淹没了/田野、岩石、海角、世界/用海洋的巨大精子。[1]"

《历代传说》的第八部分叙述一个奥林匹斯山脚下的萨堤尔（Satyr）的命运时，雨果对所有存在都进行了强烈的色情化。萨堤尔在希腊神话中犹如酒神和男性生殖器的形象，以及半人半马的特征，使他成为雨果浪漫泛神论的理想形象。萨堤尔对他周围的一切，从女人到植物，再到微风本身的兴奋，让森林凌乱，诸神不悦。在召唤自然的辉煌过程中，他的歌声变得越来越急促："让开，因为我是潘（Pan）！朱庇特（Jupiter），跪下！[2]"作为野生之神，潘狂

---

[1] 《大洋》(*Océan*)，1854；引自亨利·吉耶曼，《雨果与性欲》，巴黎，1954，第69页。
[2] 《萨堤尔》(Le Satyre)，《历代传说》(La Légende des siècles)，xxii, *Pse*，第六卷，第24页。

欢式的自然繁殖行为压倒了教条的奥林匹斯，且符合雨果的观点，即信仰需要摆脱等级制度才能来到神的面前。

然而，如果说雨果对于这种泛滥的激情毫无不适之感，那无疑是误导。确实，在他的日记中，我们可以看到他在摆脱社会习俗时的欣然自得，以及他对只有少数特权观众知道的秘密的喜好。然而，正是这种强迫性的记录行为暗示了他内心的焦虑，也暴露了他试图通过明确划定自我约束期来控制自己的冲动，并希望这种自律能够持续更长时间[1]。这些冲突在《撒旦的末日》中显而易见，考虑到这部作品主要关注的是《圣经》中的原罪流放者。他未能完成这个寓言，暴露了他在解决这位叛逆天使的自大问题上的犹豫。相反，在泽西岛最初的写作阶段之后，经过10年再次转回这部作品，则反映了他渴望通过更纯洁、更伟大的爱来摆脱自我放纵。事实上，正因为这种渴望，他与朱丽叶的关系变得更像灵魂伴侣。此时他们的关系更多是深沉温柔的奉献，而不仅仅是肉体的渴望。后来，他曾感叹男性对女性的爱："你们往往付出了你们真心，但我们只想得到你们的肉体。[2]"他的日记也表明，在集中写作期间，他的性冲动会减少，但在遭遇困境时会反弹，这说明性对他来说既是一种令人上瘾的镇痛剂，也是一种兴奋剂。尽

---

[1] 参见吉耶曼，《雨果与性欲》，第68—82页；让-马克·霍瓦斯，《流亡中的维克多·雨果，1851—1864》，巴黎，2008，特别是第479—481页。两位作者均证实雨果还记录了自发性的高潮，他将其归因于"过度的贞洁"。

[2] *Mis*，第825页。

管性对他的文学创作有所启发，但他对自己性欲的复杂情感显然仍未平息。

1859年8月，拿破仑三世宣布对流亡者的全面特赦，维克多·雨果在短短两天后就坚决地公开回应："当自由归来之时，我将归来。[1]"然而，并非所有人都与他有着同样坚定的信念。一些亲近的朋友宣布他们将接受这一特赦。雨果深知，他的家人也厌倦了岛屿生活，想回到法国。阿黛尔担心小阿黛尔日益内向的行为和身心疾病，便带着女儿回巴黎度过了4个月。朱丽叶的陪伴为他驱散了这种被抛弃的感觉，她也终于认识了他的儿子们。高地之屋的许多访客以及家里越来越多的狗、猫、鸡和鱼也给他带来了温暖。但随后，雨果夫人开始在根西岛外度过更多的时间，夏尔也是如此。

在流亡之地，雨果既是坚定的爱国者，又是被家庭遗弃的族长。这让他有了重新审视那部在1848年中断的小说的冲动。随着他对于精神追求的价值观的深化，一个关于自我牺牲在社会和道德层面上重要性的故事变得尤为深入人心。而当这位渐渐老去的浪漫主义者意识到自己生命的脆弱时，这种冲动变得更为迫切。1858年夏，他患上了可能致命的炭疽病，三个多月后才终于痊愈，因此他调整了自己钟爱的在海中游泳的习惯。他的发丝逐渐斑白。时间

---

[1] 《大赦》(L'Amnistie)，1859年8月18日，*AP*，第二卷，第141页。

已然追上他的脚步。

雨果也深知，在日益扩大的全球文学市场中，他的声音比以往任何时候都传播得更远。工业化降低了印刷成本，铁路和蒸汽船开辟了更高效的传输途径，同时教育的改善大大提高了识字率。此外，由于他与国际共和主义社群的友好关系，雨果的名字引起了广泛关注。对于那些寻求建立普世共和国的人来说，流亡是一个"共同的故乡"，正如他对俄国活动家亚历山大·赫尔岑（Alexander Herzen）所说[1]。因此，雨果向伦敦和布鲁塞尔的流亡者救济基金捐款；每当需要他发声时，他也会积极响应，例如1856年，他响应了朱塞佩·马志尼（Giuseppe Mazzini）对支持意大利统一运动的呼吁。

雨果在其生涯中最为著名的政治干预之一，针对的是一个已经建立的共和国。1859年12月2日，这个对于任何法国流亡者来说都充满了不祥政治意义的日子，他通过国际媒体给美利坚众国写了一封信，为废奴主义者约翰·布朗求情。布朗因试图在西弗吉尼亚州煽动一场武装奴隶起义而被判死刑。雨果巧妙地回避了政治暴力的复杂问题，专注于探讨根本原因，并警告说，执行这次死刑将标志着走上一条道德上的不归路。"让美国明白并深思：有一件事情比该隐（Cain）杀害亚伯（Abel）更为可怕，那就是华盛

---

[1]《致亚历山大·赫尔岑》（To Alexander Herzen），1855年7月25日，*CRP*，第二卷，第218页。

顿（Washington）杀害斯巴达克斯（Spartacus）。[1]"据公众所知，布朗的绞刑从12月2日推迟到12月16日，但实际上他在当天就被处决了。在这一群情激愤的时刻，这封信的时机增强了其悲怆的感染力——以及其作者在北美的声望。仅仅16个月后，关于奴隶制的激烈争议将那个国家推向了内战。

布朗的处决让雨果深感不安。一个自由的共和国杀害了一个争取自由的斗士，因此该争议一时间成为他难以释怀的焦点。1860年初，他向一位海地报纸编辑提出的论点既坚定又有先见之明：联邦已经破裂，但南方各州执行布朗的死刑就相当于签下了奴隶制的死亡判决书，而海地的"伟大示范"证明了黑人之手正在点亮这条通向进步的道路[2]。1861年初，他允许《被吊死的人》的雕刻复制品与一封新信一同出版，这幅画像与为自由作出的最终牺牲和基督般的殉道永远绑定。次年，他在给瓜德罗普废奴主义者奥克塔夫·吉罗（Octave Giraud）的信中，将奴隶制比作需要从美利坚共和政体的脸上移除的溃疡。布格-雅加尔在约翰·布朗的事迹中得以重生。

在公众责任感的推动下，雨果在1860年4月底翻出了《悲惨世界》的手稿，这些手稿与他的其他作品一样由朱丽

---

[1]《约翰·布朗》（John Brown），1859年12月2日，*AP*，第二卷，第144页。
[2]《致于尔特卢先生》（To Monsieur Heurtelou），1860年3月31日，*CRP*，第二卷，第331页。

叶妥善保管。在随后的14个月里，他致力于将小说提升到他在流亡期间达到的思想高度。12月的一次喉炎提醒他，时间不等人。为了预防疾病，他留起了他那标志性的胡须，并按照医生的建议，开始了流亡期间的首次夏季度假，这在之后成了年度惯例，他终于享受了一段假期。在前往荷兰之前，他和朱丽叶走访了滑铁卢战场，在书中对19世纪历史的解读中，这场战役占据了核心地位。这部小说逐渐变成庞然大物。雨果加强了多个角色支线的塑造，丰富了象征意义，并加入了许多引人深思的叙事插曲，占据了全书四分之一以上。这些插曲为读者提供了新的视角，同时精心控制着小说的节奏。运用诗人一哲学家的能力，雨果巧妙地融入了各种事实和见解，形成了一部厚重而灵动的散文。每个插曲都成为一次机遇，令他得以深入探讨从俚语、修道院到浪费等各种话题，充分展现了小说作为讨论和娱乐载体的潜能。

在这次修订过程中，一个名叫阿尔贝·拉克罗瓦（Albert Lacroix）的比利时青年获得了出版合同。雨果看到了出版业在诸多小说的成功中变得多么有利可图，如苏的《巴黎之谜》［这部小说开创了"城市之谜"（city mysteries）系列］，大仲马的《基督山伯爵》（*The Count of Monte Cristo*）（1844）和狄更斯（Dickens）的《双城记》（*A Tale of Two Cities*）（1859）等；他希望挣到足够的钱来保障家族的未来。拉克罗瓦卖力地处理好雨果在1840年代末与戈斯兰的继任者夏尔·帕格内尔（Charles Pagnerre）签订的合同，承诺给予帕格内尔法国独家出版权，并借到了足够的资金来支付雨果令人瞠目结舌的高昂要价：为期8年的授权和翻译权需要300000法郎。这相当于120名公务员年薪的总和，按照今天的货币价值，至少值200万英镑或数百万美元，照19世纪的标准，这是无与伦比的。拉克罗瓦策划了一轮宣传活动，计划在从圣彼得堡到里约热内卢的十几个国际城市同时发布，成功引起了公众对这部被誉为世纪之作的小说的浓厚兴趣。

1862—1870：持之以恒

1862年4月，《悲惨世界》首卷一经发行，便在巴黎销售一空，并迅速在全球取得了巨大成功[1]。雨果对自由派媒体的相对沉默感到愤慨，因为在充斥着左翼话语的时代，小说的精神内涵似乎与盛行的世俗主义格格不入。他准确预见了右翼评论家会鄙视他对社会边缘人的同情。他也明白，他那鲜明的浪漫主义风格与当时盛行的情节更紧凑、叙述更冷静的现实主义有所不同。但《悲惨世界》是

---

[1] 关于该小说的杰出历史，参见大卫·贝洛斯（David Bellos），《世纪之作：〈悲惨世界〉的非凡历险》（*The Novel of the Century: The Extraordinary Adventure of Les Misérables*），伦敦，2017。

为广大读者而著，而非专为文学评论家所作。在他的观念中，不论是无神论的唯物主义还是教条主义的道德观，都限制了他所想要表达的内容。拉克罗瓦无疑意识到了这部小说的巨大吸引力，但他不是唯一一个。在1980年代广受欢迎的音乐剧版征服世界舞台之前，它就已经成为史上被改编次数最多的小说之一。追随小说的脚步，音乐剧风靡全球。如今，《悲惨世界》已在50多个国家和近350个城市上演，触动了来自各种背景的观众的心灵。

《悲惨世界》与《静观集》一样，虽深植个人情感，但其内核却是普世的。书中的日期、人物和场景对雨果而言都蕴含着特殊的意义。如冉阿让（Jean Valjean）囚犯编号24601（象征1801年6月24日，雨果被怀上的日子），普吕梅街那如梦如幻的花园（回忆起斐杨底纳的日子），1833年珂赛特（Cosette）婚礼的日期（与朱丽叶的周年纪念日）等等。这本书将一个人的生活经历巧妙地融入宏大叙事，成为一部面向所有人的作品，如同"一面巨大的镜子，反映出某一时刻的人类命运[1]"。故事虽然主要发生在1815至1833年间，但它既回溯了历史，又展望了未来，将书中的事件涌入历史的洪流。故事中，一个法国人顺流而下，从土伦的**囚犯营**到复辟时期的巴黎的经历，为所有读者展现了生活的真谛。而书中简洁的序言则揭示了这一宏观视

---

[1]《致阿尔贝·拉克罗瓦》（To Albert Lacroix），1862年3月13日，*CRP*，第二卷，第381页。

角,将工作、食物和教育的匮乏置于"无知与贫困"的更大背景之下。

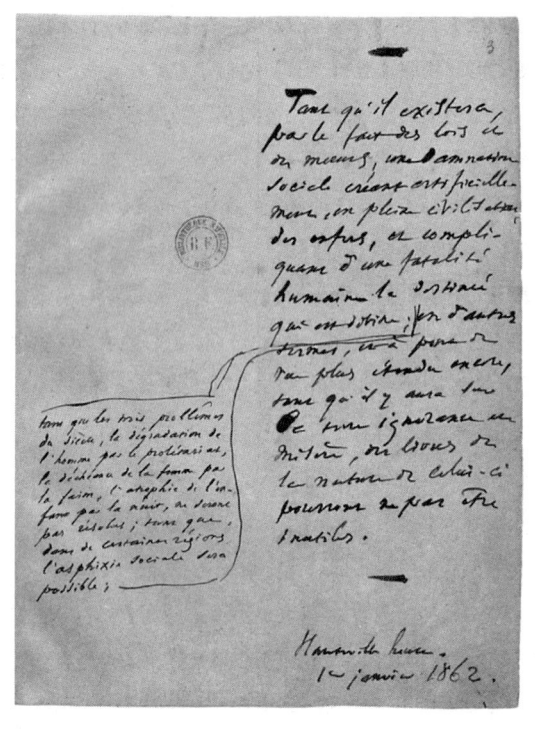

《悲惨世界》原稿中的序言。这一页展示了雨果修订作品的常用技巧:他在写作时会折叠纸张的左侧,然后在右侧写作;写完后,他会展开纸张,在左侧进行必要的修改和补充。

通过书的标题，雨果明确地展现了社会现实中物质与道德层面之间的关系。Misère 既指极端的贫困，也指道德的败坏，这让译者难以完全摒弃雨果的法文标题。标题从一个抽象概念（misère）转变为描述经历这种境况的人群（misérables），强化了小说的人性关怀，同时又保留了其双重含义。这种微妙的平衡尤为重要，因为社会上的穷人很容易被污名化，如同埃德蒙·伯克（Edmund Burke）1790年臭名昭著的言辞："猪群"（the swinish multitude）。人们往往更容易将贫困与道德败坏等同起来，将穷人视作动物，而不是去正视并解决导致这种资源和道德匮乏的社会根本问题。叙述者坚称："社会必须直面这些问题，因为这些正是社会造成的问题。[1]"贫困并不是个人价值的衡量标准。同样，芳汀（Fantine）被珂赛特的父亲托洛米耶斯（Tholomyès）抛弃，以及巴玛塔布瓦（Bamatabois）在雪地中对她的冷酷无情，都证明财富或社会地位并不等同于高尚的品德。雨果驳斥了这种本质主义，坚信定义我们人生的是我们的选择，而非出身或境遇。

在阅读《悲惨世界》时，许多读者经常选择跳过雨果的一些所谓的题外话，这些内容有时只是短暂的侧面描写，有时则如他对滑铁卢的第十九章中讨论那样长达近50页。读者可能会希望雨果能更专注于故事的主线，而不是像亨利·

---

[1]《悲惨世界》，第75页。

詹姆斯（Henry James）所批判的19世纪"庞大、松散、垂坠的怪物[1]"。小说中的情节剧，如麻醉街的街垒战斗和冉阿让在巴黎下水道的逃亡，深深吸引了读者，其中充满了令人难忘的人物，精心修饰的巧合和惊心动魄的场景。然而，从雨果的整体视角来看，这些看似离题的部分是必不可少的。他写道："这本书是一部悲剧，主角是无尽的宇宙，而人类只是配角。[2]"中心与边缘，前进与偏离，这些概念本身就是片面的。从结构和隐喻的角度看，小说的内核过于宏大，无法仅仅局限于狭窄或固定的主线情节之内。

幸运的是，雨果为他的史诗式小说提供了一个引人入胜的开篇。与早期手稿不同，小说并不是以冉阿让出狱后到达迪涅的情节开始，而是以"义人"（第一部分的首章）中，描述心地善良的主教米里哀（Myriel）的故事展开。叙述者在开篇明确指出，关于米里哀的描述实际上与即将展开的故事毫无关系，鼓励读者将关注点扩展到主线情节之外。这种结构性调整帮助读者为后续的题外话作好了心理准备，并实践了小说的核心主题——偿还。它促使读者重新评估那些看似边缘又不起眼的内容，认识到它们与核心故事有着深刻的联系。作为冉阿让赎罪之路上的关键人物，这位放弃了其职务的物质待遇、平等看待所有生命的主教，对小说的道德、历史和精神深度起到了至关重要的作用。

---

1 参见《悲惨的缪斯》（*The Tragic Muse*），1890，前言，伦敦，1995。
2 《悲惨世界》，第422页。

冉阿让的故事引入了雨果对宇宙的看法，即所有事物相互联系，不分等级。在夜晚的花园中，我们可以看到他在沉思，"在创造的普遍光辉中，他的灵魂充满了狂喜[1]"。对于雨果来说，他是真正的神父，不需要主教的宫殿或华丽的长袍。他给冉阿让的烛台，为这名前科犯装着被偷银器的行囊增添了象征性的光明，不仅仅照亮了他黑暗的灵魂，也为其艰难前路投下希望之光。同样，"义人"为读者指明了道路。开篇的插叙在道德层面上反映了小说对法国那些被视为微不足道或毫无价值的人、事、物的尊重。冉阿让没有高贵的血统，也没有军事上的成功；1832年的巴黎起义与1789年、1830年和1848年的革命相比，显得微不足道；南部的迪涅公社，北部的滨海蒙特勒伊镇，巴黎的工人区与富裕社会和政治权力的走廊相去甚远。但《悲惨世界》中的人物、情节和地点表明，看似微不足道的事物可以与历史上的任何伟大引擎一样辉煌。

小说深入探讨了哪些力量真正塑造了这个世界，尤其是集中在主人公冉阿让身上的。冉阿让为了养活他的妹妹和她的孩子偷了一条面包，因此锒铛入狱，由于多次试图越狱，他的刑期被延长。经过19年的监禁，他变得愤世嫉俗，与社会格格不入。然而，米里哀的善意激发了他重塑自我的决心。冉阿让既是深陷刑事制度深渊的罪犯，也是

---

[1]《悲惨世界》，第47页。

寻找新曙光的奋斗者,他的遭遇揭示了小说的历史观,即一场变革的浪潮就要掀起。1796年拿破仑在蒙特诺特的胜利之日,冉阿让戴上了镣铐;拿破仑在滑铁卢战败的那一年,冉阿让获得了自由。这种时间上的对应在滑铁卢的插叙部分中得到了进一步的阐释,其中这场战斗被比作《伊利亚特》(*Iliad*)中史诗战役的重演。它标志着一个历史转折点,革命的激情从渴望控制命运的军事英雄转向了更愿意接纳自由、独立现实的人们。法国的衰落被视为革命的新起点,而真正的改变并非来自追求荣耀的统治者,而是那些决心与充满不确定性、时刻变化着的历史同行的人们。只要我们能认识到蕴藏在失败中的胜利的种子,未来仍然充满希望。

冉阿让所走的,正是拿破仑曾经从土伦到迪涅走过的道路。通过他自主和无私的行为可以看出,他渐渐适应了自己的公民身份。他所扮演的多重角色(小偷、囚犯、市长、园丁、养父和救星),以及他的创新精神(为滨海蒙特勒伊带来新生,多次更改身份,掌握逃脱的艺术)和与自己良心的斗争〔为无辜的尚马秋(Champmathieu)免去牢狱之灾,放弃报复曾折磨过他的沙威(Javert),冒险穿越街垒拯救珂赛特的追求者马吕斯〕,都使他成为小说中代表性的悲惨人物。与此同时,德纳第(Thénardier)和沙威这两个反派角色进一步突出了他的英雄形象。德纳第在滑铁卢战场和巴黎下水道中搜刮死尸,对自己的孩子毫无爱心。

他缺乏道德原则,代表了雨果眼中正在吞噬社会道德本能的自私贪婪:"我需要钱,我需要很多钱,我需要大量的钱![1]"而沙威,虽然也来自社会底层,出生在监狱中,但他与德纳第这样的暴力唯物主义者截然不同,他坚守法律和秩序,然而,与冉阿让不同,他对上帝的忠诚是狂热而盲目的。他无法理解冉阿让对他的怜悯,也无法理解自己为何放过了他的猎物。"这太可怕了!……不可靠性并非不可靠,法典并非最后的决定者,法律也可能是错误的。[2]"在米里哀揭示这一崇高真理后,冉阿让得以重生,而沙威则选择了自杀。

沙威的结局足以劝告读者不要对《悲惨世界》妄下定论,除此之外,小说还有其他关于自满的警示。在最后,读者得知冉阿让的墓碑由于自然原因而变色,上面粉笔写的字迹也被侵蚀:"生来死去,是人生自然的规律;昼去夜来,也同样是这种道理。[3]"这个墓志铭以其衰败的形象和自然规律作为唯一天命的证明中为全书画上了一个简洁的句号,转瞬即逝。文字可以记录,但并非永恒;永恒的是开端和终结。冉阿让的牺牲,与马吕斯的父亲,珂赛特的母亲和那些在街垒上英勇牺牲的人们一样,只为我们带来了对一个更美好世界的期望,而非确切的保证,特别是德

---

[1]《悲惨世界》,第 615—654 页。
[2] 同上,第 1084 页。
[3] 同上,第 1194 页。

纳第已转行成为美国的奴隶贩子。这个结局不禁引人遐想,鉴于1851年拿破仑三世得到的民众支持,冉阿让财富和品德的继承人——新婚的马吕斯和珂赛特会如何选择。毕竟,小说出版时,他们已是中年,如同第二帝国的许多资产阶级夫妇一样。他们是在流亡中阅读此书,还是身在奥斯曼男爵翻新的巴黎?《悲惨世界》虽对人性抱有信心,但它与雨果一样,永远存疑。

亨利·布莱克威尔·弗兰克兰(Henry Blackwell Frankland)摄,1868年2月,雨果在高地之屋款待当地贫困家庭的孩子。

与于六旬半去世的冉阿让不同,这位60岁的诗人与人道主义者虽然因近期的疾病而感到担忧,但他并未如冉阿让那般临近生命的终点。雨果秉持着他钟爱的座右铭"**持**

之以恒"（perseverando，西班牙语动词"坚持"的现在分词）[1]。《悲惨世界》问世之前，他开始在高地之屋设宴款待当地的贫困儿童，与他们共进午餐，成为被誉为"穷人的盛宴"（dîner des pauvres）的传统。他还谴责了1860年第二次鸦片战争中英法联军对北京颐和园的掠夺[2]。1863年初春，他向欧洲媒体发表公开信，呼吁俄国士兵以一月起义中的波兰兄弟为榜样，而不是将他们当作要屠杀的敌人。那年春天普埃布拉被围困期间，法国军队试图支持墨西哥建立君主政体，墨西哥的反抗者引用《拿破仑小人》来赢得民众支持："你们有拿破仑，我们有维克多·雨果。"雨果回应称："你们没有说错，我与你们同一战线。[3]"同年晚些时候，他响应了朱塞佩·加里波第关于意大利复兴运动财政与道义上的援助请求。剩余的流亡生涯中，他持续公开支持克里特岛的起义，古巴对抗西班牙的斗争，对爱尔兰芬尼亚人的宽恕，以及在哥伦比亚、日内瓦和葡萄牙推动废除死刑。

即将完成《悲惨世界》时，雨果再次思考了身为作家对引发变革的责任，并开始撰写一系列原定作为该小说序言的文章。随着小说内容的激增，这些文章很快转变为他全部作

---

[1]《致阿尔弗雷德·达塞尔》(To Alfred Darcel)，1858年5月9日，*CRP*，第二卷，第279页。
[2]《致巴特勒上尉》(To Captain Butler)，1861年11月25日，*AP*，第二卷，第161—162页。这封信在发出后15年才被公开。2010年，为纪念诞辰150周年，雨果的铜像在旧殿揭幕。
[3]《墨西哥战争》(La Guerre du Mexique)，1863，*AP*，第二卷，第198页。

品的一篇最终未完成的序言。借鉴了 18 世纪**哲学家**的理性逻辑，它们梳理了人类在试图理解宇宙时的知识局限："科学对所有事物都有最初的发言权，但对任何事物都没有最后的决定权。[1]"他将这些文章中的许多思想整合到了他确实完成的一部出版物中，尽管这部作品的内容也超出了其最初的预期——作为他的儿子弗朗索瓦-维克多翻译的莎士比亚全集的序言，在 1864 年这位伟大诗人诞辰 300 周年之际。

事实上，《莎士比亚论》并非完全关于莎士比亚本人。虽然文章开篇有关于莎士比亚的简短传记，但若深入研究，这部分内容显得并不够严谨。文章的真正焦点是探讨艺术天才的塑造，暗示在 19 世纪，雨果无疑是这一称号的最佳代表。这样一个误导性的标题和其自吹自擂的论调自然招来了评论家的讥讽。然而，《莎士比亚论》无疑为我们提供了一扇窗，透过它，我们可以深入了解雨果的艺术哲学，正如他在《克伦威尔》序言中所展现的那样。对雨果而言，艺术既要紧扣现实，又要拥抱无限可能，它应当利用对比来展现生活的动态，而非简单的二分法。雨果进一步阐述了他的政治观点，列举了一系列伟大的思想家们，他们推动了 18 世纪末的文明革命。这是一个平等、自治的精神家族，而不是一个严格按照等级和血统划分的王朝。每一位新的继承人都在不断拓展知识的边界，而不仅仅是模仿前

---

1 《无尽之物》(Les Choses de l'infini)，*Phil*，第二卷，第 601 页。

人,他们都是雨果心中的**汪洋行者**。

从荷马到莎士比亚,这些"汪洋行者"协助了一代又一代人,帮助他们理解一个不断变化但完全自由的世界。在创新精神的驱使下,他们不断探索表达"无限、未知"的方式,同时也是为了应对正统思想的迂腐和敌意的挑战。他们反对那种只顾艺术本身而忽视社会进步的观点,也不赞同盲目推崇进步,仿佛人类的知识和行为可以简单地自臻完美。相反,他们揭示了人类存在的不确定性,如同灯塔指引船只穿越大海,引导着文明前进。他们的使命是赋能社会,而非统治或灌输教义。因为"启迪是征服的全然反面",所以与无知的斗争是集体而非个人的责任,无人能为压迫辩护。"见义不为,无异于助纣为虐。"[1] 这些准则让雨果成就文学伟业,无须直接提及自己。在 19 世纪,无论是"为艺术而艺术"的自恋观念,还是那个时代的哲学家和科学家所承诺的全面理解,都不再是天才的标志。

在公众面前,《莎士比亚论》验证了雨果的信念:只有将哲学观察与诗意直觉相结合的远见之士,才能帮助社会打破僵局。私下里,这位尽职的诗人想向家人澄清,他在流亡中所作的牺牲为何如此重要。除了居住在布鲁塞尔和巴黎的妻子和长子外,他的女儿在令人担忧的情况下离开

---

[1] 《莎士比亚论》,*Phil*,第二卷,第 220—231 页。另参见安·杰斐逊(Ann Jefferson),《法国的天才:一个理念及其应用》(*Genius in France: An Idea and Its Uses*),普林斯顿,新泽西,2015,第 81—87 页。

了根西岛。1863年夏天,情绪不稳定的小阿黛尔突然前往哈利法克斯,追随一位名叫阿尔伯特·平森(Albert Pinson)的英国中尉。她宣称他们已经结婚,但很快就被发现这是她捏造的,平森对她并无兴趣。痴情的阿黛尔拒绝回家。她继承了父亲的坚韧和想象力,但也遗传了叔叔的精神问题。她母亲担心流亡对年轻单身女子可能不是最健康的环境,这种担忧逐渐成为现实。直到1872年,雨果才再次见到他的女儿。

埃德蒙·巴科拍摄的雨果照片,1962。在这张照片中,雨果将他常有的沉思姿态与他的叛逆性格结合起来,他把椅子转了过来,似乎有些不耐烦。

1865年初,随着未婚妻因肺结核去世,弗朗索瓦-维克多离开根西岛前往布鲁塞尔,标志着家族流亡生活的结束。他的父亲后来回忆说:"我必须在家庭和工作、幸福和责任之间作出选择。我选择了责任。这就是我生活的法则。[1]"秋天结束之前,他发表了《街道与园林之歌》(Songs of the Streets and Woods),收录自1859年以来所写的近80首诗歌,肯定了诗歌仍然可以带来幸福。书名不禁令人回想起他在服务社会和回归自然之间的矛盾,整本诗集汇集了轻快、无忧无虑的诗歌,和他近期殚精竭虑创作的诗歌和小说形成了某种平衡。他写道:"心灵纯净;行动简单。若灵魂高尚,便无低微之说。[2]"宏伟、庄严的亚历山大诗体和大胆的冒险已经不再,取而代之的是更短的诗节和更快的韵律,这提醒人们,他深沉的思绪并没有剥夺诗歌的灵巧。

然而,斗争和忍耐仍然是雨果思考的主题。他并非无缘无故推崇《约伯记》,毕竟约伯所经历的磨难也令他成为"汪洋行者"之一。《海上劳工》(The Toilers of the Sea)在1866年春天成为畅销书,它是《巴黎圣母院》和《悲惨世界》的哲学续篇。前两部小说分别从宗教信仰和社会偏见的角度探讨命运,而《海上劳工》则探讨了人类与大自然

---

[1] 《致让·艾卡尔》(To Jean Aicard),1868年11月17日,CRP,第三卷,第144页。
[2] SP,第250—251页[《实际》(Réalité),I, 2, ii]。

的关系，并完善了小说序言中所称的"三重**天数**"（令人联想到《巴黎圣母院》中关于命运或必然性的关键词）。雨果将这部小说献给"严酷而又温暖的根西岛——我现在的避难所，我将来可能的安息之地"，标志着流亡期间得到的任何支持对他都有着巨大价值。除了岛民的热情欢迎让他宾至如归，每当沿着东南海岸小径走到费曼湾或沿着西海岸走到格兰德罗克时，他都深受其自然环境的鼓舞。在他为计划中的插图版创作的棕色钢笔墨水画中，这些棕褐色、纹理粗糙的岩石生动地展现在我们眼前。

这部小说结合了 19 世纪工业的核心动力——创新的工程技术和持续的努力，与赫拉克勒斯劳工的坚韧和英勇。机智的吉利亚特（Gilliatt）是一个性格粗犷的渔夫，他总是回避社交，却钟情于美丽的戴吕施特（Déruchette）。当她叔父珍贵的蒸汽船杜兰德号在危险的多佛尔礁上搁浅时，戴吕施特承诺要嫁给能够打捞出船上引擎的人。身手敏捷、对周围环境始终保持警惕的吉利亚特开始了为期 2 个月与自然为敌的激烈斗争。他只带着一把锯子、一把斧头、一只凿和一把锤，单枪匹马地清理了船的残骸，学会了利用礁石生存，与猛烈的二分点风暴斗争，并击败了一只饥饿的巨大**章鱼**，这只章鱼曾夺去了船长的生命。通过浓墨重彩地描绘这些辛劳，雨果得以对大自然不可估量的创造力和破坏力作了哲学思考，而不像在《悲惨世界》中那样明显地离题。在孤独中，吉利亚特感到"内心的未知和体外的未知神秘地相处……这是怎样的一种痛苦,又是怎样的一种欢乐啊![1]"。

维克多·雨果,《章鱼》(*La Pieuvre*),约1866,钢笔和棕色墨水画。这是雨果为《海上劳工》所绘的36幅插图之一——《海上劳工》也是他唯一选择亲自绘制插图的小说。章鱼带吸盘的触手在顶部卷曲成VH的首字母,留下了雨果的标记。这幅画和他的许多其他作品一样,兼具优雅与恐惧。

---

1 TS,第299页。

遗憾的是，对于吉利亚特来说，雨果并没有让这位角斗士与他心爱的人终成眷属。吉利亚特从礁石上胜利归来，但无意中听到了戴吕施特忏悔自己对另一个男人埃伯纳兹尔（Ebenezer）的爱，以及她对不得不嫁给她叔父那位不善交际、不修边幅的救星的厌恶。就像卡西莫多试图撮合艾丝美拉达和浮比斯，或者冉阿让为了珂赛特而营救马吕斯，吉利亚特促成了这对情侣，随后选择了自我牺牲——任凭自己被上涨的潮水吞没，眼睁睁地看着他们的船驶离。吉利亚特在礁石上作出惊人努力的结果，表达了雨果对他在"我的老岩石"上的经历的反复焦虑：即个人的牺牲，尽管对他人至关重要，但可能导致被拒绝和无法承受的损失。

雨果或许不愿意让他的小说像舞台喜剧那样高调收尾，但他还是重新投身于戏剧创作。得益于盖塔诺·多尼采蒂（Gaetano Donizetti）的歌剧《卢克雷齐亚·波吉亚》和威尔第的《弄臣》（改编自《国王取乐》），他的舞台艺术并未在流亡期间彻底淡出公众视野。1867 年，他的戏剧禁令解除，为《艾那尼》在巴黎的重演铺平了道路。在该剧重新上演的前两个月，雨果受托为《巴黎国际博览会指南》（*Paris Guide*）撰写序言。那年春夏，法国首都将迎来世界各地的宾客，自然不能公然对本国最杰出的作家置之不理。然而雨果并不完全信任帝国，果不其然，由于他仍旧支持加里波第，禁令在年底之前被重启。

不抱任何上演的期望，他在流亡期间及之后写下了 10

部作品，部分未能完成，这些作品在他去世后才以《自由戏剧集》(*Theatre in Freedom*) 为名出版。除了其中一部，其余都是在 1860 年代末写的。在悲喜剧《干预》(*The Intervention*) 中，一对因贫困而陷入痛苦的夫妇面临着不忠的诱惑，故事中处处体现了他强烈的道德良知；这同样也体现在《托尔克马达》(*Torquemada*) 对西班牙宗教裁判所宗教狂热的描述中。而在莎士比亚式的童话《湿漉漉的森林》(*The Sodden Forest*) 和巴洛克风格的诗歌喜剧《他们会吃吗？》(*Will They Eat?*) 中，他的玩心则表露无遗。这些作品以其多样化的形式，展示了一位剧作家从 19 世纪浪漫主义舞台到 20 世纪创新戏剧的风格演变。

1869 年春天，他的下一部小说《笑面人》(*The Man Who Laughs*) 出版，与《海上劳工》相比，雨果更没有理由为小说构想一个皆大欢喜的结局了。夏尔和他在 1865 年娶为妻子的爱丽丝，因脑膜炎失去了他们的第一个儿子乔治 (Georges)。1868 年 8 月，他们的次子出生，也命名为乔治 (Georges)，但 11 天后，雨果的妻子在布鲁塞尔因心脏病发作去世。虽然在外面逗留的时间越来越久，老阿黛尔还是一如既往支持着丈夫的事业，《悲惨世界》问世时，是她作为雨果在巴黎的代表；1863 年，她还出版了一本向丈夫致敬的传记（瓦克里和默里斯编）。她甚至与朱丽叶建立了友好的关系。然而，显然雨果的初恋一直以来都过着更独立的生活。最终，死亡令他们彻底分离。他写道："我心如刀绞,但仍充满希望。我期待着死亡中的至高无上的生命。[1]"不过,他并非独自悲伤:在阿黛尔去世的5天后,他的日记提到了支付给布鲁塞尔的某位路易丝(Louise)的费用。

《笑面人》最为人熟知的是由它改编而成的1928年的黑白默片,蝙蝠侠(Batman)系列中的反派角色小丑(the Joker)的原形正是出自这部电影,1940年小丑在"侦探漫画"(Detective Comics)系列中首次登场。小说中的主人公格温普兰(Gwynplaine)虽然被毁容,但其行为更像是追求正义的蝙蝠侠,而不是制造混乱的小丑,尽管小丑这个邪恶角色对于雨果所提的个体责任问题提供了一种有趣的解读。孩提时代的格温普兰遭到儿童贩子的毒手,脸上被刻上一个永恒的笑容。成年后,他在18世纪初的英国南部与他的养父乌苏斯(Ursus)、盲女黛娅(Dea)一同在游乐场表演。在一系列的巧合与启示之后,他发现自己是一名反叛领主的儿子,且专制的国王詹姆斯二世(James II)就是导致他毁容的罪魁祸首。他在上议院猛烈抨击国家造成的不公,但他的外貌只是引起了哄堂大笑。他放弃了新获得的贵族地位与黛娅团圆,但事态的发展让黛娅无法承受,最终在他的臂弯中气绝身亡。悲痛欲绝的格温普兰最终投身泰晤士河自尽。

---

[1]《致阿尔芒·巴尔贝斯》(To Armand Barbès),1868年8月29日,*CRP*,第三卷,第136页。

阿尔塞纳·加尼耶（Arsène Garnier）在布鲁塞尔为朱丽叶·德鲁埃拍摄的照片，约1868。

又一部小说，又一个自杀的结局，这仿佛在暗示，对于角色的社会和情感纠葛，可能只有死亡能带来真正的解脱。然而，《笑面人》的独特之处在于它更加深刻地揭示了雨果欲望背后的深层冲突。通过格温普兰对纯真的黛娅和放荡的公爵小姐约夏娜（Josiana）的欲望，小说展现了爱与性的对立。约夏娜诱他进入她的闺房，他感到自己被"天庭的炽热点燃[1]"。对于19世纪的法国小说以及一个据

---

1 《笑面人》(*L'Homme qui rit*)，*Rom*，第八卷，第426页。

称没有禁区的作家来说，雨果的英雄们都是纯洁的。他们呈现了一个深受其想象影响的非性化理想。然而，这种纯洁正面临挑战。特别是在吉利亚特与章鱼的战斗中，上演了一场赤裸上身的强壮英雄与被比作戈耳工·美杜莎（Gorgon Medusa）的怪物之间的对决。**章鱼**全身布满了吸盘和亲吻，是一场情欲噩梦的化身，当吉利亚特试图避免被同时也是肛门的嘴吞噬时，它用其8条类似生殖器的触手紧紧抱住他。正如在《巴黎圣母院》中弗罗洛对艾丝美拉达爆发愤怒，性接触等同于剧烈的自我丧失。当格温普兰与自己的情感搏斗时，这盘赌局显得更为明确和直接：是听从他的心还是他的身体。他与家人疏离，在圣洁的黛娅与性感的约夏娜之间左右为难，而他的创造者内心的恐惧和冲动始终与其相伴。

这部作品涵盖了雨果小说中该有的所有元素，如家庭的流离失所，与众不同的角色以及受到考验的道德，但《笑面人》在商业上的成绩并不尽如人意。读者对书中频繁涉及的建筑和家谱等题外话感到不耐烦，认为这些内容过于冗长和沉闷。这与主人公过度的性冒险相呼应，反映了作者信息过剩的写作风格。此外，读者在书中对于复辟时期晚期英国的批判中，几乎无法联想到19世纪的挑战，如工业化和日益盛行的民族主义。再者，该书出版的时间选择也不太恰当，因为当时法国的焦点正集中在那年春末的议会选举上。

选举给了雨果一个重新聚焦的契机。在诸多丑闻、罢工和日益增长的反对声中，拿破仑三世的地位显得岌岌可危。在第一轮投票前几周，趁着内阁批准的报刊法放宽之机，雨果的儿子们创办了《回声报》(Le Rappel)。尽管政权赢得了多数票，但未能获得城市工人的支持，这些工人帮助以共和派为主的反对派取得了重大进展。皇帝在外交事务上的表现也不甚理想，这主要是由于普鲁士总理奥托·冯·俾斯麦（Otto von Bismarck）在对丹麦和奥地利的军事胜利后建立的北德意志联邦带来的威胁。雨果在洛桑为和平与自由联盟（League of Peace and Freedom）主持了一次和平大会——该联盟于 1867 年在路易·布朗（Louis Blanc）、约翰·布赖特（John Bright）、加里波第、赫尔岑、约翰·斯图尔特·密尔（John Stuart Mill）等人的支持下成立。他强调，战争的受益者只会是领导人，永远不会是人民。但 1870 年 5 月，关于帝国政策的成功公投让拿破仑三世重拾信心。两个月后，俾斯麦篡改了爱姆斯急电，激怒法国采取军事侵略行动，并成功将南德各邦拉入他的阵营。

雨果在高地之屋的草坪上种下一颗橡树种子，以此寄托希望。他预言，这棵橡树将如同欧罗巴合众国般崛起，它将加冕旧世界，而其北美的姐妹共和国则引领新世界。与此同时，他曾视为那个共和国轴心的两个国家不可避免地拿起武器。7 月 19 日，法国宣战。雨果与朱丽叶随后迅速与夏尔及其家人一同前往布鲁塞尔。人们很快就发现，法国军队并不像帝国所宣传的那样占据优势地位，因此他和他的儿子们准备在需要时为国民自卫军而战。9月2日，皇帝在色当战役中投降，得知这一消息的雨果喜忧参半。他多年的坚持终于修成正果，帝国正在分崩离析，但与此同时，法国也正遭受入侵。9月5日，他搭乘火车回到了自己近20年未曾涉足的祖国。

5 "我是一名革命者"
（1870—1885）

在1871年的春天，法国刚经历了法普战争的洗礼，正处于崩溃边缘。但雨果仍然坚信，是法国大革命成就了当时的自己。"在我的少年时期，我已经是一个革命者，只是自己并未意识到而已。我的教育将我束缚于过去，而我的本能则推动我迈向未来。我在政治立场上可能是一个保皇党人，但在文学上，我是一名彻底的革命者。"这位即将步入古稀的老人依旧着眼未来。他始终强调，思想必须开放，行动不应带有政治立场的偏见。他主张，"观念的和解与行动的调和"是建立一个更加公正、和谐社会的基石[1]。

然而，这种和解与和平主义的精神，并不应被误解为某种温文尔雅、冷静自持的态度。雨果无意安享晚年。在他生命的最后15年里，留给世人的记忆是那位留着白须的

---

[1] 《致默里斯和瓦克里》（À Meurice et Vacquerie），1871年4月28日，*AP*，第三卷，第113页。

共和派老一辈幸存者,他威严的长者形象通过艾蒂安·卡贾(Étienne Carjat)、纳达尔(Nadar)等人的摄影作品永恒定格,但这位年迈的祖父内心深处依旧保持着青春的活力。在阿奇尔·梅朗德里(Achille Mélandri)1881年拍摄的一张照片中,雨果坐在沙发上,一侧是他的孙子乔治,另一侧是他的孙女让娜(Jeanne)(她在其兄长出生后的一年后降生)。雨果低下头,和他的小孙子、孙女们一样高,高兴地将他们紧紧拥入怀中。这不是一位发号施令、自信地摇晃手指的权威长者,而是一位脸上洋溢着喜悦,享受着活泼孙辈们陪伴的老人。

梅朗德里的这幅作品与雨果1877年出版的诗集《祖孙乐》(*The Art of Being a Grandfather*)同名,为诗人以文字所表达的内心世界提供了视觉上的印证。雨果明白,洞察力并非来源于老年的装腔作势,而是源自创造力的进取精神。他拒绝被老年的陈词滥调所限制。在该诗集的第六册最后,标题恰如其分地命名为"堂皇暮年与膝下童稚"(Grand Old Age and Kneehigh Mixed),雨果自述:"不确定是否确定,甚至时不时疑惑。"他要求:"不要将我视作至高无上的上帝!"如果在法国人的想象中他非要被塑造为上帝的形象,他渴望体现的是真正的神性——一种能够挑战既定观念和权威判断的神性,而不是泰然接受和传播成见[1]。

---

1 《一切宽恕……》(Tout pardoner...),《祖孙乐》(*L'Art d'être grand-père*), XVII, x, *Pse*,第八卷,第480页。

阿奇尔·梅朗德里,《祖孙乐》(*The Art of Being a Grandfather*),1881。维克多·雨果与让娜(左)、乔治(右)的合影。

不断挑战旧观念是雨果保持活力的关键。意识到生命正逐渐走向尽头,他要珍惜每一分钟,正如流亡时期那样。作为法兰西共和国的杰出长者,他泰然接受肉体衰败的必然:在1870年代,他仅剩的浪漫文社的朋友们相继去世,而他三位在世的子女也一一遭遇不幸。尽管死亡逼近,生命仍在招手。在反思普法战争与巴黎公社的灾难时，他终于直面先前作品中回避的难题——法国大革命陷入1793年的恐怖统治。无论是身为作家还是重返政坛的老政治家，这位长者深信向羽翼未丰的第三共和国坦承其兴旺之道并无损于自身。他流亡期间的大量作品仍确保了即使在1878年中风之后，既有作品的编辑和出版也能继续传承他那充满远见的声音。

雨果对生活的热情同样滋养了他身体的欲望。在濒临生命终结的觉悟中，他仍雄风不减，表现出一种不计后果的放任与执着的痴迷。他对女性的爱慕并未衰减，情欲间的冲突同样未曾平息。1877年《历代传说》第二部中的诗歌《二重人性》(Homo Duplex)简洁地概括了他情感与生理之间的这种摩擦。一位公爵在森林里狩猎（这是雨果在他日记中的一个色情隐喻），偶遇了一位天使与一只猿猴在战斗，它们分别代表着他的灵魂与肉体。公爵被告知，他每一个贞洁的行为都会增加他天使的翼展，而每一个罪行都会让野兽趾高气扬。当他死去，他要么迎来黎明，要么陷入更深的黑暗，"不是我（天使）把你带走，就是他（猿猴）把你吞咽[1]"。雨果在法国后革命历史中所担忧的集体道德责任与个体欲望间的较量，也在他更个人的层面上上演。在内疚与痴迷之间挣扎的他，其生活和作品仍承载着

---

[1] 《历代传说》，XVII, ii, *Pse*，第五卷，第360页。

革命的重量,不仅仅是它的理想,还有它的无度。

1870—1873:从英雄到异端

在 9 月 5 日下午的火车穿过边境后不久,雨果看到了一处法国士兵的营地。他高喊"法军万岁!"并激动落泪。那晚,他抵达巴黎北站时,一群热情的市民已经在此等候。他记得听到人们呼喊"雨果万岁"和朗诵《惩罚集》中的诗句。他对他们说:"一个小时的欢迎,回报了我 19 年的流亡。[1]"虽然欢庆延续至深夜,但心潮澎湃的雨果并非为此而归。普鲁士军队正逼近巴黎,如入无人之境。国民议会中反应迅速的代表们已经建立了国防政府,雨果认为自己作为诸多国家资源之一,要时刻响应祖国的召唤。

1870 年 9 月 9 日,法国报刊发表了雨果给德国人的檄文。他再次重申了 1867 年《巴黎指南》中的论调,把巴黎颂扬为人类文明共同的瑰宝。"巴黎既是你们的,也是我们的……昔日有雅典,有罗马,今日有巴黎。"他质疑,既然他们共同的敌人拿破仑三世已经落败,此战还有何意义,并警示任何对巴黎的侵袭都将为德国蒙羞[2]。这番话在莱

---

1 《重返巴黎》(Rentrée à Paris),1870 年 9 月 5 日,AP,第三卷,第 36 页。
2 《致德国人》(Aux Allemands) 和《致法国人》(Aux Français),1870 年 9 月 9 日和 17 日,AP,第三卷,第 37—45 页。

茵河彼岸并未受到赞同,他遂斥责欧洲列强的不作为,并激励同胞武装抗敌。"如果巴黎之光熄灭,整个欧洲都将陷入黑暗。[1]"9月19日,城市被包围,巴黎围城战随之拉开序幕。

忠于"光之城"的雨果没有选择像其他有条件离开的人那样提前离去。他将埃策尔出版的《惩罚集》新版首发的收益捐献了出来,支援巴黎,并且放弃了诗集公开朗诵的版权费,以便将所得收入用来为城墙增设更多的大炮。围城期间,市民必须作出无私的牺牲。两次试图打破封锁的尝试都以失败告终,严冬时节,燃料和食物的短缺更加严重。巴黎人最终不得不食用马匹,然后是狗、猫、老鼠,甚至是巴黎植物园中的动物园饲养的动物。这对于仅三年前还在举办世界博览会的城市来说,无疑是一次沉重打击。这些困苦进一步坚定了雨果的意志:"我饥寒交迫。这好多了。我与人民有难同当。[2]"他频繁与前来征询建议的官员和活动家交流,强化了他与这座城市的紧密纽带,而与城中女演员和交际花的交往也加深了这层联系。

战争让欧洲共和国联盟的理想变得遥不可及,其余波更是严重打击了雨果对未来的憧憬。经过4个多月的坚守,巴黎最终于1月28日投降。遵照停战协议,不到两周之后便举行了全国选举,为和平谈判作准备。雨果再度出任巴

---

[1]《致德国人》,第44页。
[2] 1871年1月1日,*CV*,第二卷,第168页。

黎代表，并前往临时集结的国民议会所在地波尔多。那时的法国非但不能团结一致，反而严重分裂：农村选区的选票使保守派获得了三分之二的席位，而城市，特别是巴黎的选民，则倾向于共和派候选人。右翼多数派支持建立君主立宪制，然而波旁和奥尔良两大宗族间的王位争夺，以及波拿巴派的挑战，使得局势更趋复杂。共和派内部也存在分歧，不同意见在温和派、激进派和极左派之间此消彼长。73岁的前奥尔良派首相阿道夫·梯也尔（Adolphe Thiers），拿破仑三世的老对手，出任行政长官，他坚信共和制能"最大程度地减少我们的分歧[1]"。在被迫传达俾斯麦提出的苛刻和平条款——包括巨额赔款和战争赔偿，以及失去阿尔萨斯主要工业区和洛林部分地区的消息时，梯也尔的务实态度发挥了重要作用。

雨果在3月1日的首次议会演讲中，洞察到了梯也尔所了解的未来。这份屈辱将助长德国的帝国野心，同时让法国人心怀复仇之意，为未来的欧洲战争埋下导火索。雨果主张立即引爆冲突，但最终更审慎的决策胜出，停战协议得以通过。议会随后决定在一周内迁移到凡尔赛，并反对加里波第在阿尔及利亚的选举结果，雨果因此辞职。他那绝望的理想主义和对战争的不顾一切支持，以及他的辞职决定，透露出他对形势的不信任。法国每况愈下，而重

---

[1] 1850年2月13日，梯也尔在立法大会上用了这种表述。

建的代价最终将通过提高税收和债务利息由最贫困的民众来承担。更糟的是,面对首都围困中的示威,议会选择了凡尔赛而非巴黎,显示出政治高层依旧对国家革命的历史感到恐惧。1848年6月的苦痛记忆,帝国在社会政策上的缺陷,以及1864年国际工人协会的成立,让城市的北部和东部工人阶级聚居区对激进变革的渴望日益迫切。

在夏尔因脑出血意外去世后,家国同悲的雨果痛失爱子。3月18日,夏尔在巴黎入土为安;对于雨果而言,国土和家庭带来的苦难同样深重。正是在那一天,当军队企图夺取巴黎的大炮,以此来解除城市的武装时,愤怒的居民和国民自卫军士兵奋起反抗。两名被俘的将军被残杀。国民自卫军中央委员会在社会主义的红旗下接管了城市,并召集地方选举,建立独立的市政管理机构。幸运的是,雨果在夏尔葬礼不久后就必须带着家人离开巴黎,前往布鲁塞尔处置儿子的遗产。他认为,不论是**凡尔赛**政府还是巴黎的**联邦成员**,双方都企图以各自的方式实现法国作为民族共和国和平等灯塔的历史使命,但他们的行动都显得过于仓促。"梯也尔试图平息政治纷争,"他声称,"反而点燃了社会战火。"[1] 他以同样的公正态度"赞成公社的理念,反对公社的做法[2]"。

雨果所发表的诗歌警示着,任何加剧侵略的行为都等

---

[1] 1871年3月25日,*CV*,第二卷,第187页。
[2]《致默里斯和瓦克里》,1871年4月28日,*CRP*,第三卷,第113页。

同于法国在令人震惊的自我伤害中"杀害自己的灵魂"。政府的炮火和公社的狂热已将凯旋门和旺多姆铜柱置于危险之中,公社成员还威胁军队,如果继续处决囚犯,他们也将对人质进行报复。"要公正;只有这样能为共和国效劳。[1]"但这一次,法国人却没有听从他的呼吁。5月21日,当军队对城市西侧的防御工事发起进攻,意图重新夺回巴黎时,法国的"五月流血周"尾随而至。尽管历史学家对这场残酷街战和即决处决的死亡人数仍有争议,但即使对广泛流传的20000人这个数字进行了修正,估计的死亡人数也在7000至10000之间[2]。在最后的抵抗前,公社成员点燃了这座城市的多处权力机构,包括杜乐丽宫和巴黎市政厅,他们还杀害了巴黎大主教和其他一些人质。

在法国遍体鳞伤、心如焦土之际,《比利时独立报》(*Belgian Independence*)发表了雨果的信件,痛斥比利时将逃亡的公社成员遣返受审的决定。他痛斥双方可怕的道德沦丧,但颇具争议的是,他以其布鲁塞尔的住所提供庇护,理由是"无知非无知者之过[3]"。一群愤怒的暴徒袭击了雨

---

[1] 《呐喊》(Un cri)、《不要报复》(Pas de représailles)和《两件战利品》(Les deux trophées),《凶年集》(*L'Année terrible*),Pse,第八卷,第144—149页,第157—162页。

[2] 参见罗伯特·汤姆斯(Robert Tombs),"1871年'五月流血周'究竟有多血腥?修订版"(How Bloody was la *Semaine sanglante* of 1871? A Revision),载《历史期刊》(*Historical Journal*),LV,第3期,2012,第619—704页;约翰·梅里曼(John Merriman),《大屠杀:1871年巴黎公社的生与死》(*Massacre: The Life and Death of the Paris Commune of 1871*),纽黑文,康涅狄格,2014,第224—252页。

[3] 《比利时事件》(L'Incident belge),1871年5月27日,AP,第三卷,第118页。

果的住宅，发泄自己的不满，比利时政府随后将雨果逐出国门。他没有返回法国——那里政府正在血腥报复，对数千名囚犯进行审判，驱逐或处决——而是选择前往卢森堡，停留到9月下旬才回到巴黎。和1850年代初期一样，流亡重燃他的决心，将这艘搁浅的共和国大船的遗骸重新拼凑起来。

雨果在一部题为《凶年集》(*The Terrible Year*)的98首诗集中，首先要求法国直面过去一年发生的恐怖。他以锐利的视角审视这12个月，不仅揭示了让人不安的细节，也深究其中的道德含义。这些诗篇几乎全以亚历山大诗体和押韵对句创作，虽不似《惩罚集》般形式多样，但其不可动摇的庄重步调和深沉的语调，充分表达了他深重的情感。他对人类冲突的厌恶（'血腥的饮血兽，枯萎的恶棍，/诱使人类堕入沉沦'）和他对宽恕的坚持（'在这片土地上，我的罪行是伸出援手'），为《凶年集》注入了深刻的道德良知[1]。

雨果的愤怒与同情并存，他斥责了旧敌——愚昧无知的人心与千疮百孔的社会福利体系——这实际上是对上层和中产阶级的隐晦抨击。在《谁的错误？》(With Whom Lies the Fault?) 中，他痛斥一个烧毁了图书馆的纵火犯（"被你吹灭的正是照亮自己的火炬！"），但这位诗人慷慨

---

[1] *SP*，第264—265页（《凶年集》）。

激昂的控诉被纵火者柔顺谦恭的回答所终结("我是文盲")。文明尚未普及的事实,以一声短促的提醒,化解了汹涌的愤慨之情。这种认识在《一枪》(The Shot)中变得更加令人不安,诗中,诗人认为一个死去的孩子应该比燃烧的杜乐丽宫更能激起怜悯[1]。他还确保读者不会误解那指引他道德指南针的精神力量。如果读者心中想象的是"一个长着白胡子的家伙,/就像教皇或皇帝那样",诗人乐意宣称自己是无神论者。最后一首诗同样警告,真正的神圣远超凡人的掌控。焦虑的旧世界呼唤上帝,请求他退去历史的潮流,但正是这股流动的巨浪冷漠地回应:"你以为我是潮水,其实我是洪流。[2]"不可阻挡的洪水呈现了一个朦胧的形象,既是命运冷漠的体现,也是自然变革的象征。

在《凶年集》首版出版并迅速售罄之前,雨果于1872年初的议会选举中未能获胜,虽然他在与政府的候选人竞争中赢得了45%的选票。然而,还有比这更深的忧愁笼罩他的心头。2月,他的幼女阿黛尔终于返回法国,伴随她的是曾在异乡照料她、脱离奴籍的塞琳娜·阿尔瓦雷斯·巴(Céline Alvarez Baa)。阿黛尔此前一直在巴巴多斯,追随着平森。她的精神状态颇为恍惚,时常自语,回国后便被悄悄转移到巴黎郊外一处舒适的疗养院。探视被严格限

---

[1] 《凶年集》,*Pse*,第八卷,第197—198页,第204—207页。
[2] 同上,《致称我为无神论者的主教》(À l'évêque qui m'appelle athée)和《结语》(Épilogue),第59—60页,第263—264页。

制。她父亲曾希望阿黛尔回到他身边后能恢复清醒，重获健康，但这希望最终落空。她将在那所疗养院中度过余下的 43 年。

那个夏天，在过去两年不息的风暴之后，他带着仅剩的家人回到了根西岛。他想要完成一部近 10 年前就开始构想的小说。小说的主题是 1793 年恐怖统治时期共和国与旧政权在旺代的战争，这个题材当时显得迫在眉睫。只有从海上瞭望台远眺，他才能获得足够广阔的视野，来深入探究法国历史上那段至暗岁月。巴黎有太多的干扰，特别是自从他回来后，享受了众多女性的亲密陪伴，包括戈蒂耶的女儿朱迪斯（Judith）和著名女演员莎拉·伯恩哈特（Sarah Bernhardt）（两人都将近 30 岁），以及阿黛尔的伴侣巴夫人（"我生命中的第一位黑人女性"）。

尽管他的日记暗示性地记录了三次他和朱丽叶在冬天"如同四十年前"那样共度时光的情景，但他们之间的身体接触已经变得十分罕见[1]。他仍然更倾向于将他们的关系提升到一个无与伦比、超越性的层面。"爱不仅仅是结合：它是合一……恋人们通过灵魂相连。[2]"与此形成对比的是，他的性欲却容易被不那么超然的体验所点燃。无论是纯洁的爱还是肉欲的激情，他发现自己不可抗拒地被感情

---

[1] 引自阿兰·德考，《维克多·雨果》（*Victor Hugo*），巴黎，1984 年，第 959 页。
[2] *OC* (Laffont)，第十五卷，第 332 页。

所吸引，但同时也明显不确定这些感情的持久性以及自己追随它们的自由。女性魅力之强大，常常会令人倍感压抑：

> 赢得她们的青睐之时，
> 　　　　奴役就随之开始。
> 朋友，你想学习她们的诀窍吗？
> 那是被崇拜，被亲吻，以及被锁链束缚。[1]

新的情感纠葛悄然萌生。朱丽叶的新女仆布朗什·朗万（Blanche Lanvin）引发了雨果自与莱奥妮分别以来从未有过的情欲。这位20出头的较小棕发女郎在他的日记中引发了深藏的不安，这是对她不该有的危险渴望，而这渴望在1873年春终得以实现。朱丽叶敏锐地察觉到了这股诱惑，并将她送回法国。布朗什偷偷返回，但最终又被发现，又再次被送回巴黎。随着小说完稿在即，加之弗朗索瓦-维克多健康欠佳，雨果更有理由在7月末返回首都。

朱丽叶的怀疑很快得到了证实，9月她愤而离开了城市，整整一周不见踪影。雨果焦急地度过了几天，不知她去了哪里，也不知她是否会回来。当她从布鲁塞尔回来后，他们重归于好，他承诺不再继续他的风流韵事。不出所料，他未能遵守承诺。对于曾自嘲不做"二手书商"的他来说，

---

[1] SP，第252—253页〔《逃离伊甸园……》（Fuis l'Éde），《街道与园林之歌》，I，4，ix〕。

他对女性的品位始终如一，早年的志趣一直延续至今[1]。性的欢愉和青春的激情令他身心振奋，难以自拔，但他仍然清醒地意识到，这种解放同样意味着失去自我控制。7月他写下的一句话"啊，天意！吃人者也被吃掉！"在反思暴君的自利行为时，同样显露出他对于个体意志深层次的担忧[2]。

朱丽叶在他生命中扮演了一个令人难以置信的角色。她是他作为诗人和伴侣的自我形象中不可或缺的部分。同时，她也是他与其他女性关系中，体验自我释放的欢愉与虚空的关键。他的放纵需要一个稳定的基点，可以让他偏离而后折返。最懂他的女人用一种融合了他隐喻与纯真表达的语言，揭示了自己心灵的创伤：

> 你身上有一道暴露的伤口——那是女人赐予你的，它不断蚕食着你，仅因你缺乏彻底灼烧的勇气。而我，因太爱你而遍体鳞伤。我们俩，有各自无药可治的痼疾。[3]

遗憾的是，这句话对于雨果的幼子弗朗索瓦-维克多同样适用。在圣诞节期间，他因为艺术家和城市贫民的病

---

1 引自米歇尔·德·德克（Michel de Decker），《雨果：维克多，为了女士们》（*Hugo: Victor, pour ces dames*），巴黎，2002，第 208 页。
2 *SP*，第 398—399 页［《食人者》(Les Mangeurs)，《历代传说》，XXXIII, vi］。
3 *JD*，1874 年 7 月 28 日。

魔——肺结核而离世。雨果在对逝去的儿子们致以感人的悼念时，沉思着"为儿子们敲响的丧钟，或许不久的将来也会为父亲敲响[1]"。

1874—1877：成为国父

对于雨果可能因悲痛陷入沉寂的担忧，在1874年2月《九三年》(*Ninety-Three*)的问世后便荡然无存。他用锐利的笔锋刮剔《凶年集》所揭示的国家创口，继续攻克自1789年以来困扰法国的顽疾——无法与革命和解，无法实现其兄弟情谊的理想。1871年公社与政府之间的激烈冲突让人回想起旺代1793年的残酷内战，这是一场始于1789年巴黎的民众起义、力图从各省重夺权势的保皇派之间的斗争。《九三年》力图在效忠王冠的旺代叛军与坚信革命精英理念的支持者之间寻求共识。这部小说不仅让雨果深入挖掘国家历史，他父母迥异的世界观和家族纠葛的痕迹也贯穿了整部作品。

为了勾画出恐怖统治时期与1871年之间的历史关联，《九三年》展现了雨果笔下最为激烈的暴力场景。小说中的人物和所描绘的旺代地区充满了震撼人心的野性。波涛汹

---

[1] 《我的儿子们》(*Mes Fils*)，viii，*AP*，第三卷，第673页。

涌的英吉利海峡，择人而噬的幽深林海以及高潮时吞噬一切的熊熊烈焰，都彰显了大自然的野性难驯，与剧情中的血腥屠戮和肆意破坏相契合。1793年5月的即决处决，随处可见的乱葬岗和焚毁的房屋，必然会唤起人们对公社"五月流血周"的记忆。雨果通过这些革命理想主义与反动保守主义之间不断出现的裂痕，强调了近一个世纪以来，两派都未能彻底压制对方。如果要实现1789年对一个公正平等的法国的梦想，这些相互竞争的理念之间就需要建立更少敌意、更多合作的关系。

小说的标题特意以文字代替数字，这暗示只有文学的比喻手法能使国家真正理解自己，这种方式胜过单纯的事实陈述或无情感的处理方式。雨果指出："我试图在我们所称的政治中引入道德和人文的议题。[1]"《九三年》描述了布列塔尼的白骨党叛乱，叛军寄希望于朗特纳克侯爵（Marquis de Lantenac）来领导反抗。国民公会派出冷酷的西穆尔登（Cimourdain）去平息这场起义，他的共和主义理念既有德拉科（Draco）的严厉，也有柏拉图（Plato）的理想主义色彩［这些思想对少年时期的约瑟夫·斯大林（Joseph Stalin）也产生了深远的影响］。将这两位无情敌手联系起来的，是该地区共和军的指挥官高文（Gauvain），他不仅是西穆尔登的学生，据雨果的大胆构思，他也是朗

---

1 《致阿尔封斯·卡尔》（To Alphonse Karr），1874年1月8日，*CRP*，第四卷，第2页。

特纳克的侄孙。西穆尔登曾是神父,高文则出身于贵族,两人都为革命而战;而朗特纳克的贵族出身却与他所指挥的游击战略格格不入。

这种人物设定预示了雨果作品中常见的命运逆转。他对瞬息万变的界线的敏锐洞悉,为小说深入探讨兄弟情谊与宽恕主题增添了戏剧张力。高文的名字是英雄主义的预兆,这个名字源自亚瑟王(King Arthur)的侄子、圆桌骑士中最富有同情心的一位。这种三角关系将《九三年》推向高潮,在高文成长的拉图格城堡爆发了决定性的战斗,而这座城堡被雨果巧妙地称为"布列塔尼的巴士底狱"。在这里,朗特纳克的残兵顽强抵抗了数量上占据绝对优势的革命军。最终,朗特纳克为了救出被困在熊熊燃烧的大楼内的三个难民儿童,放弃了逃生的机会。高文以同样的方式回应,象征性地允许朗特纳克身穿他的共和国制服逃走。和他的叔祖父一样,高文深知自我牺牲意味着命运的终结。

在最后一幕,一意孤行的西穆尔登签下了高文的处决令,但当断头台的刀锋落下时,他也开枪结束了自己的生命。这一结局映射出自然秩序中的相互性:怜悯能孕育同情,而判处死刑等同于自取灭亡。叙述者直截了当地提问,究竟哪种共和国能够取得胜利:"是恐怖的共和国还是仁慈的共和国?是通过严苛取得胜利还是通过同情?[1]"尽管这

---

1 《九三年》(*Quatrevingt-treize*),*Rom*,第九卷,第 200 页。

对未来的挑战是否被接受尚无定论,但《九三年》销售势头强劲,并被翻译成 10 种语言。

《九三年》的成功让雨果更有信心为公社成员争取全面赦免。1875 年,他将自 1840 年代以来的演讲和公开活动汇集成册,书名为《言与行》(Deeds and Words)。这部作品融合了他的双重身份,既是选择流亡的共和主义者,又是多次呼吁宽待社会边缘人士的诗人。为了回应那些不断批评他诗作愚蠢的人,雨果也进行了预先的反击:"远见,若投向过于遥远的未来,往往只会引来嘲笑。对一颗蛋说它拥有翅膀似乎荒谬,但这却是事实。[1]"他也在私下的面谈中继续这一话题。在朱丽叶的支持下,他经常在巴黎第九区新家的沙龙中接待客人,他们与他的儿媳爱丽丝及孙辈们同住。他们的公寓坐落在克利希街上,街道从蒙马特的劳工中心(公社坚定支持者的所在地之一)延伸至围绕着歌剧院的时尚资产阶级区。多年来,访客包括诸如朱尔·西蒙(Jules Simon)、莱昂·甘必大(Léon Gambetta)、路易·布朗等共和派人士,以及未来第一次世界大战中的"猛虎"乔治·克里孟梭(Georges Clemenceau),还有查尔斯·斯温伯恩(Charles Swinburne)、伊万·屠格涅夫(Ivan Turgenev)等文学爱好者和巴西的佩德罗二世(Pedro II)等国际要人。

---

[1]《权利与法律》(Le Droit et la loi),X,1875,AP,第一卷,第 29 页。

1876年1月，依据前一年颁布的新宪法，在法国议会中重新设立的上议院中，雨果当选为议员。在这个可能充满派系冲突和争斗的政治舞台上，他只想发出真实的声音。他没有再像在《言与行》中那样撰写引人注目的议会演说，因为此时他更专注于直接与公众交流。8月末，他在《回声报》上发表文章，呼吁欧洲列强支持反抗奥斯曼帝国统治的巴尔干各邦。他希望"将政治议题转化为人文议题"，这说明他并不适合政治上的权谋和策略：他更倾向于直抒己见，而非取悦或胁迫他的政治同僚。他写道："塞尔维亚的情况凸显了欧罗巴合众国的必要性。让团结的民众取代分裂的政府。让我们结束那些嗜血的帝国，让我们遏制狂热和专制。"作为一名新晋的参议员，他并不将自己视为政治高层的一员，反而积极地将自己基于良知的政治理念与他所认为的国家治理的'短视'划清界限[1]。

1877年2月，《历代传说》的第二系列再次展现了雨果的历史观——不受约束的创造力，与此同时，这一观点与国王们的系统化世界形成鲜明对比。3个月后，在《祖孙乐》中，他再次重申了宇宙自由本质的理念。这部作品包含了近70首新诗，赞颂了他深爱的孙子孙女们的好奇童心和顽皮天性，是孩子们让他得以重新与自己的想象力接轨。他对乔治和让娜的溺爱，如同他当年对待自己孩子的

---

[1] 《为塞尔维亚》(Pour la Serbie)，1876年8月30日，*AP*，第三卷，第257页。

方式。直到 4 月,也就是这本书出版前不久,孩子们的母亲与共和派政治家爱德华·洛克罗瓦(Édouard Lockroy)再婚,雨果才结束了他作为他们法定监护人的角色。"他就像我们的同龄人,说我们所说的语言,爱我们所爱的东西。"乔治这样描述他的"爸爸爸"(Papapa),回忆起他们一起玩的捉迷藏游戏,以及雨果将客厅化为野性荒原,自己扮演着狮子的模样[1]。

儿童般的纯真作为对抗成年人压抑理性的反作用力,长久以来一直吸引着雨果。街头顽童加夫罗什(Gavroche)是最令人难忘的例子,他反抗权威,选择纯善而非贪婪,《九三年》亦从相同的草图中塑造了三个角色——被朗特纳克的手下带走的弗莱夏尔(Fléchard)三兄妹,他们为了自娱自乐,欢快地撕毁了在拉图格城堡图书馆里找到的一本古福音书。在雨果笔下,孩子们总能让历史的有序叙事陷入混乱,因此诗人在书的 18 部分中的第一部分中便宣誓要撕毁宪章和《圣经》[2]。

《祖孙乐》之美在于认识到孩童充满奇幻与冒险的世界中,蕴藏着无尽的智慧。雨果自我描摹为一位宽宏大量的长者,而非严苛的权威,他更注重激发后代的创造力,而非强调自己个人的权威。正如他在《街道与园林之歌》中

---

[1] 乔治·雨果,《我的祖父维克多·雨果》(*Mon Grand-père*),1902,巴黎,第 7—10 页。
[2] 《偶尔……》(Parfois...),《祖孙乐》,I, vii, *Pse*,第八卷,第 416 页。

所展现的，对诗律轻松自如的处理标志着他着意从沉重的史诗创作中跳脱出来，决心与青春并肩，尤其是在一个年轻诗人们正追随波德莱尔，勇于探索更大胆的暗示、不规则形式和节奏的法国。在两个孩子的陪伴下，这位法国现代文学巨擘从束缚中解脱，变得更加谦卑。"我相信孩子们，如同相信使徒一样"，未受雕琢、未经社会熏陶的思维赋予了他们自然的活力[1]。

《论干面包》(On Dry Bread) 这首诗是他欣赏之情最直接、最纯粹的例证。因为顽皮，让娜被罚只能吃干面包。祖父看到这个"流放的小女犯"，出于不忍偷偷给她拿来一罐果酱。让娜许诺再也不用脚尖碰鼻子，也不再捉弄祖父的猫（一个名为加夫罗什的慵懒却坚强的灵魂）。然而，雨果被当场抓获，家人责怪他打破了规则，诗人为此感到羞愧。他们抱怨说"别人生气时，她却看到你反而在笑"，并暗示他的食物也应受到限制。让娜温柔地回应说，如果那样，她会给祖父带来果酱。家人将让娜视为"孩子"，而诗人却对她直呼其名，显示出对她作为一个成长中的个体的深刻理解。诗中接近矛盾的描述，即她的眼睛"充满了温柔生灵的威严"，重新诠释了统治的含义，把它视为对不服从者的同情，而非简单的惩罚，这是一种珍贵的能力[2]。

---

[1] 《噢！他们是多么贪婪！》(Oh! Comme ils sont goulus!)，《祖孙乐》，III, iv, 第435页。
[2] 同上，VI, vi, 第474页。

对雨果而言，慈悲和谦逊的态度更有可能培养出期望中的美德。

在国民议会，雨果再次展示了即使持宽容态度也不放弃自己的道德立场。4年前，帕特里斯·麦克马洪（Patrice de MacMahon），这位曾领军镇压巴黎公社的万众敬仰的将军，接替了梯也尔，成为共和国总统，这在一定程度上要归功于布罗利公爵（Dvc de Broglie）领导的君主主义反对派。1876年的选举让共和派代表在议会中占据优势，这验证了梯也尔的说法：共和国是最不容易分裂的政府制度。但到了1877年5月，麦克马洪解除了共和派总理朱尔·西蒙的职务，任命了布罗伊（Broglie）接替。随后在一次对新政府的不信任投票后，他解散了议会。在教会的全力支持和一系列审查行动的推动下，麦克马洪似乎决意要建立新的君主立宪政体。

雨果在共派党竞选中的主要贡献是及时提醒人们回顾1851年的历史事件。他自1852年开始撰写的《一桩罪行的始末》（*History of a Crime*），因《拿破仑小人》和《惩罚集》的撰写而暂时搁置，这部作品深入描述了路易-拿破仑的政变。这一罪行被视为历史的倒退，它摧毁了法国此前在民主道路上取得的成就："过去的建筑，统统变成废墟。[1]"雨果以戏剧家的眼光审视历史，再次发现法国当下

---

1 《一桩罪行的始末》（*Histoire d'un crime*），Hst，第一卷，第389—390页。

与过去之间的相似性。以维护社会秩序为名煽动民众情绪，加之神职人员的暗中勾结，这些似曾相识的事件不免令人感到惊恐不安。《一桩罪行的始末》第一卷在10月初出版，并迅速售出逾20000册，正值雨果参加了梯也尔的葬礼之后数周，而这场葬礼已演变为一场针对麦克马洪的共和派大规模示威。到了月底，在两轮投票后，共和派代表仅失去了一小部分多数席位。麦克马洪的赌博并未成功。到了1879年1月的参议院选举，保皇派将失去上议院的控制权，最终导致麦克马洪辞职，儒勒·格雷维（Jules Grévy）成为首位无保皇背景的真正共和主义总统。雨果坚信，共和主义和政治合作的时代终于来临。

1878—1885：指路明灯

雨果始终未放弃与他认为的共和国之敌——君主主义者和神职权贵的斗争。出版于1878年4月的作品《教皇》（*The Pope*）中，他的笔锋直指天主教会。这部数年前撰写的长篇哲学诗歌构想了教皇若能拓宽视野，可能成为的精神领袖形象。梦境中，一位无名教皇与皇室和神职人员等权势者相遇，同时亲历贫穷与战争的社会现实。经过一系列对话与独白，他对自己作为"西方教父"的使命产生了疑问。他离开罗马，象征性地前往耶路撒冷追寻基督，并呼吁终结纷争和人类苦难:"在蓝天下自由,/在死亡前平等,/在上帝面前/我们皆为兄弟……追求和平与宽恕。"但诗歌以雨果钟爱的手法收尾:一句突如其来的终结语戛然转变了思路,唤醒了沉浸在自满中的读者。教皇醒来后惊呼:"我做了一个多么可怕的梦!"[1] 他的潜意识对上帝的召唤敞开,但作为教皇的理性却否定了这些领悟。雨果的讽刺淡化了他眼中那些自称为基督代言人的教皇们的权威。新任教皇利奥十三世(Leo XIII)延续了梵蒂冈对意大利政府的反对立场,而在雨果看来,他的前任庇护九世因其固执地界定教皇绝对无误的教义,以及助长第二帝国的欺骗,均是有罪的。

雨果在 5 月伏尔泰逝世百年纪念时发表演讲,作为法国启蒙运动中最具讽刺精神的宗教自由和言论自由的捍卫者,这并非巧合。面对所获荣誉和邀请,雨果以赞美作家的公共责任作为回应。他说:"伏尔泰向社会不公宣战,并接受了这场战斗。他的武器是什么?轻如风,力如电:一支笔。"6 月,他在第三届巴黎世界博览会期间的国际文学大会上致开幕辞,而博览会正是展现法国复兴成果的窗口。他谈到了建立公共文学领域的必要性,在这里"书,作为书本属于作者,但作为思想则属于全人类"[2]。启蒙时期的

---

[1] *Pse*,第九卷,第 65—68 页。
[2] 《伏尔泰百年纪念》(Le Centenaire de Voltaire),1878 年 5 月 30 日;《国际文学大会开幕致辞》(Discours d'ouverture, Congrès littéraire international),1878 年 6 月 21 日,*AP*,第三卷,第 301 页,第 312 页。

"文学共和国"依然存续。

一周后,雨果不幸中风。他在三年前就注意到自己的记忆力有所下降,但当时暂时禁欲似乎颇为见效。然而,最近他在与布朗什的关系中彻底失去节制。尽管朱丽叶此前警告他应远离"那些像野狗一样围绕在你周围、穿着紧身衣裤的女人[1]",可惜并未对他产生太大影响,但当他的健康状态明显恶化时,她的耐心也耗尽了。他最终被劝服返回高地之屋休养,在家人的陪伴下度过这段恢复期。冬天,当他们回到巴黎时,朱丽叶已成功将布朗什从他的生活中排除,消除了这一致命的诱惑。他们将与爱丽丝一家毗邻而居,位于宁静而富裕的十六区的艾劳大道上。为了防止他乘坐巴黎公车去安排或直接与异性幽会,家人为他购买了一辆马车。亲人们将维持体面的规矩强加于他。

雨果的步伐越发蹒跚,情绪极为易怒,听力也逐渐衰退,他也不再早起。尽管如此,他仍设法逃避家人强加给他的规矩,不时悄然溜出家门,与女性私下见面。直到去世前不到两个月,他的日记依然记录着那些含有性暗示的加密条目[2]。他还继续参与社交活动,并公开露面,最后一次是在 1884 年末,他参观了弗雷德里克·巴托尔迪(Frédéric Bartholdi)的工作室,欣赏了即将赠予美国的自由女神像(一位他无须私下访问的女性)。他再未完成过任何

---
[1] JD,1874 年 1 月 13 日。
[2] 亨利·吉耶曼,《雨果与性欲》,巴黎,1954,第 134 页。

214　雨果

雨果与家人和朋友们在高地之屋后方的合影，摄于 1878 年 7 月。从左到右依次为：理查德·莱斯克莱德（Richard Lesclide）（雨果的秘书）、路易·科赫（Louis Koch）（朱丽叶·德鲁埃的侄子）及其儿子、朱丽叶·德鲁埃、维克多·雨果、坐在他旁边的让娜·雨果、朱莉·舍奈（Julie Chenay）（雨果的嫂子）、爱丽丝·洛克罗瓦（Alice Lockroy）（夏尔·雨果的遗孀，后来嫁给了爱德华·洛克罗瓦）及其儿子乔治、梅纳尔-多利昂夫人（Madame Menard-Dorian）与女儿波琳·梅纳尔（Pauline Menard）（后来成为乔治·雨果的妻子）。

完整的文学作品。他的笔触明显放缓，作品变得越发散乱而零碎。他的戏剧复排依然颇受欢迎。在随后的 7 年里，书店上架的新书大多来自他之前积压的文稿，由瓦克里和默里斯编辑出版（他早先已在遗嘱中指定他们为执行人）。从主题和风格上看，这些作品不过朝花夕拾，并未推陈出新，然而它们大多都能通过联系时事，让他的声音得以与时俱进。

1879年，雨果发表了三部长诗中的第一部《至高的怜悯》(*Supreme Pity*)，呼吁宽恕那些因政治暴力而"被定义为盲目、狂怒和黑夜之子"的犯人[1]。紧接着，1880年他又相继发布了《宗教与信仰》(*Religions and Religion*) 和《驴颂》(*The Ass*)。前者再次体现了雨果对上帝的哲学思考，描述为一种超越宗教机构祭坛局限的伟大不可测力量（"他就是存在！无始亦无终，无晨亦无夜，/永不褪色，永无止息[2]"）。后者则是一首充满讽刺的诗歌，与《至高的怜悯》一样，皆是雨果在19世纪50年代末为《历代传说》未完成的19世纪部分而创作。诗中，ass一语双关，既可指"傻瓜"也可指"驴子"，这让两位主角的形象更加鲜明。德国哲学家伊曼努尔·康德（Immanuel Kant）在诗中聆听了一头名叫"耐心"的睿智驴子的启示，它嘲笑那些以经验推理否认上帝存在的人："面对这如此光辉而庞大的谜题，/其眼睛不可见，其双手不可摸，/科学在答案之间徘徊，无法解答。[3]"这两首诗相得益彰，让雨果对于思想和教育领域探究精神的呼吁更加响亮，鼓励人们摆脱宗教教条和学术优越感，追求思想自由。

这三部作品映衬出雨果与日渐稳固的共和派在法国政治中的共鸣。1880年7月，彻底赦免公社成员的运动终于

---

[1]《至高的怜悯》(*La Pitié suprême*)，X，*Pse*，第九卷，第134页。
[2]《宗教与信仰》(*Religions et Religion*)，V，*Pse*，第九卷，第254页。
[3]《驴颂》(*L'Âne*)，I，*Pse*，第九卷，第305页。

取得胜利,这也是他在参议院最后一次演讲的主题。特赦恰逢政府宣布的7月14日国庆日庆祝活动。法国大革命现在被正式认定为现代法国的奠基时刻,这与雨果的历史观相契合。此外,随后的两年里,茹费理(Jules Ferry)颁布的法律让民众得享免费、义务、世俗化的教育。第三共和国努力将国家的纷繁过往整合成一种更加统一的民族身份,并扩展公民权利,雨果多年来所倡导的理念终于得以付诸实践。

雨果成为国民议会共和派的定海神针。他的作品选集被纳入国家教学大纲,1881年2月26日,他的生日庆典持续了一个周末,以一场盛大游行告终。尽管天气寒冷,仍有50万人经过他的住所,高喊"法国万岁!雨果万岁!"。被一位记者誉为"爱国诗人"的雨果热泪盈眶,与家人一起观看。他收到了来自世界各地的2000多份电报,在几天后的参议院收获了全场起立的掌声。为纪念他,他所居住的艾劳大街更名为雨果大街。这些致敬活动是为了庆祝雨果迈入第八个十年,虽然离他实际年满80岁还有一年。这个略显不协调的时间点暗示了共和国希望尽早利用他的光环,以防万一。

1881至1883年间,雨果接连出版了三部作品,似乎在告诉世人,他依旧游刃有余,无须匆匆忙忙。《灵台集》(*The Four Winds of the Spirit*)汇集了先前未曾公开的诗作,按不同的氛围划分为4卷——《讽刺卷》(satiric)、

《戏剧卷》(dramatic)（包括两部短剧）、《抒情卷》(lyric) 和《史诗卷》(epic)。每一部分都映射出他对现代诗人的定义——他既是审判者、牧者，又是先知和使徒。对他而言，自我认知之路永远充满学习与探索："除了我自己，无人知晓我的深渊。/我又是否真正触及其最深处？[1]"1882 年，将宗教压迫戏剧化的《托尔克马达》出版，同年，随着沙皇亚历山大二世（Alexander II）被刺杀，俄国的大屠杀事件愈演愈烈。最后，雨果在 1883 年推出了《历代传说》的第三个也是最后一个系列。

在《历代传说》出版前的一个月，雨果失去了他最忠实的听众。5 月 11 日，朱丽叶在与胃癌长期抗争后撒手人寰。她曾恳求他："请忍耐我的无尽痛苦和频繁哀号，用浓烈的爱支撑我活下去。"但他渴望的拯救终究未能实现[2]。朱丽叶一贯的陪伴、奉献和无限的宽容已随风而逝。雨果曾在多年前写道："被爱即存在的价值，当再无人爱我，噢上帝，愿我随之长眠。[3]"在悲伤和震惊中无法自拔的他，将自己锁在卧室里。他无法亲临葬礼，也无法像往昔那般用文字抒发哀伤。他在日记中许下诺言，与朱丽叶的别离只是暂时的，这成了他最后一次的预言。

1885 年 5 月，雨果因肺炎陷入病榻。接下来的一周，

---

[1] SP，第 308—309 页［《夜思》(Pensées de nuit)，《灵台集》(Les Quatre vents)，III, xlii］。
[2] JD, 1882 年 2 月 26 日。
[3] OC (Laffont)，第十五卷，第 334 页，第 265 页。

随着他的病情成为国际头条新闻，多达 5000 人在他巴黎市中心的联排别墅外聚集。见证了法兰西第三共和国的诞生和成长后，雨果即将结束他漫长而饱经世变的一生，告别这个世界。5 月 22 日的午后，他与世长辞，享年 83 岁。临终前，他吟诵了一首完美的亚历山大诗体作品，关于日夜的斗争，声称自己看到了"黑光"。那艘无法抛锚的脆弱小舟已驶向了新的水域。

> 时辰——真实或毁灭——
> 扬起神秘的眉尾。
> 嗯，我并不担心；
> 我一直都很好奇。[1]

---

1 *Evh*，第 326—327 页［《病中》(Pendant une maladie)，《街道与园林之歌》(*Chansons des rues et des bois*)，II，4，ii］。

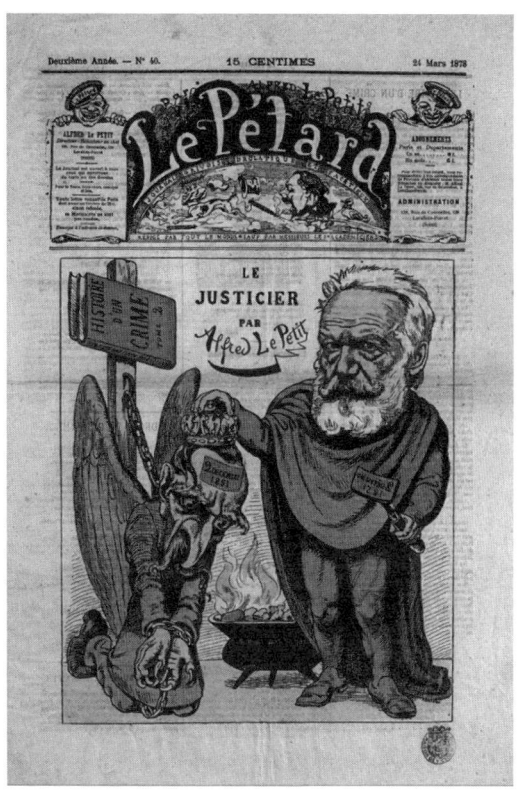

阿尔弗雷德·勒佩蒂（Alfred Le Petit），《维克多·雨果，正义的化身》（Victor Hugo, the Justiciary），《雷管报》（*Le Pétard*），1878 年 3 月 24 日，为《一桩罪行的始末》第二卷插图。这幅石版画中，雨果身着古典服饰，昂首挺立，正在给倒下的皇帝（以帝国鹰的形象呈现）烙上 1851 年 12 月 2 日发生**政变**的标记。

6 "我即将合上双眼,然而……"
(1885 年后)

"……我内心的眼睛却前所未有的雪亮。"这句话摘自雨果遗嘱中的章节标题,昭示了他相信坟墓不过是一道通向无尽风光的光明之门[1]。对于雨果来说,他的去世意味着他将跨越两个存在的层面:一方面是眼下的地球、自然和社会现实;另一方面则是超越物质现实、属于其他世界、超自然和精神的领域。他通过锻炼自己身体和心灵的眼睛,习得了类似古代先知般的预见能力,以此观察这两个互动的维度。

当雨果的肉体于 1885 年因肺炎而消逝,他进入全知神秘状态的意念在许多法国公民看来已成为必然,而不是遥不可及的幻想。他在流亡期间表现出的正义直觉,已经将他的形象升华为法兰西学术院"不朽者"之一,仿佛他已超脱尘世,登上更高的境界。1870 年他重返巴黎时,热切

---

[1] 1881 年 8 月 31 日,可参见 http://expositions.bnf.fr/hugo/grand/346.htm。

期待他归来的人们或许认为他所乘坐的火车是从彼岸驶来，而登上站台的他也必然不是凡人。次年年初的一幅漫画曾描绘一位老妇人责骂一个男孩，因为他在普鲁士围攻巴黎期间试图向长寿的雨果兜售防弹背心（"傻瓜，给他干吗，维克多·雨果是不朽的！"）[1]；在整个1870年代和1880年代初，另外两人也利用预言性的符号来表现雨果不可动摇的智慧，包括雕塑般的身姿，宽阔的额头，睿智的白胡子，以及如竖琴和白色长袍之类的古典象征。

雨果在巴黎的世纪葬礼为本书对他的描绘添上了最后一笔。这场盛大的葬礼并未为他的故事画上句点，相反，它象征着雨果作品中常见的反转，开启了他传记中一个全新的、开放式的篇章。在死亡中焕发新生的理念与雨果所钟爱的转化逻辑不谋而合。葬礼本身巧妙地融汇了他的浪漫主义世界观，即对立事物的紧密结合，为本章和结语提供了概括其核心思想的契机。同时，这次葬礼也巩固了雨果作为法国杰出伟人之一的地位——巴黎先贤祠入口上的铭文记载了这些'**伟大男人（及女人）**'对法国的贡献。这种声望有助于雨果精神遗产的持续兴盛，但在赞誉之余，我们也需保持谨慎，以防失去对雨果本人的真实理解。

---

[1] 尚（Cham），《喧声报》（*Le Charivari*），1871年1月24日；引自皮埃尔·若热尔，《维克多·雨果的荣耀》（*La Gloire de Victor Hugo*），巴黎，1985，第122页。

进入先贤祠

对于一个正在稳固根基的世俗共和国来说,雨果是最理想不过的神祇形象。第三共和国至今仍为法国历史上最稳固的政权,其持续时间已是1848年二月革命之后的共和国的5倍之久。然而,共和国的拥护者仍在努力处理1789年革命遗留下的棘手问题,力求确保国家不因君主主义者、波拿巴派、共和主义者和社会主义者之间的纷争而四分五裂。在这种充满分裂的环境中,雨果以其统一的影响力脱颖而出,而茹费理的法律已将他的作品纳入新成立的免费非宗教学校的必修课程。他超越了政治派别,指向繁荣未来的更高使命。雨果被奉为共和国的开国元勋,对他的纪念几乎等同于神圣崇拜,正如1881年他即将80岁生日的庆典中所表现的那样。

雨果在二十几岁开始反思自己的人生轨迹时,就已强调独立精神的重要性。他意识到,这种独立可以使他超越党派政治,面向前一个世纪法国哲学家所期待的那种更超然、更普遍的民众群体。在一个既不想重蹈绝对君主制的覆辙,也不愿经历革命恐怖的国家里,他在19世纪上半叶的政治倾向从保守的保皇主义逐渐演变为怀旧的波拿巴主义,最后转向共和自由主义。尽管有人指责他是机会主者,但他的动力源自对祖国昌盛的执着,而非根深蒂固的政治立场:"没有任何政党能够束缚我;同样,我也永远不会领导一个政党。[1]"在他的精神信仰中,贴标签的行为同样令人深恶痛绝。共和派担心他毕生反对天主教会的立场可能在临终时改变,转而皈依法国传统宗教信仰,但这种担忧毫无根据。他在《历代传说》第二辑中的《民间葬礼》(Civil Burials)一诗中提到,虽然他是一个有信仰的人,但绝不会成为教会的信徒。他追求"真实的光明,而非虚假的光泽",拒绝了牧师的临终祷告,并要求"真实的参议员"来为他的最后旅程致辞[2]。

雨果逝世的次日,首相亨利·布里松(Henri Brisson)提出了举行国葬的提议,这意味着即便是上帝本身,也需为此让步。雨果的遗体将安葬于先贤祠,这曾是一座教堂,后在法国大革命后转变为法国杰出公民的陵墓。巴黎大主教吉百赫红衣主教(Cardinal Guibert)抱怨,圣热纳维耶夫圣地即将迎来一位反对教会权威、拒绝临终仪式之人,但他的抗议是徒劳的。国葬的象征性意义在 1852 年英国为威灵顿公爵(Duke of Wellington)以及 1865 年美国为亚伯拉罕·林肯(Abraham Lincoln)举行的葬礼中已得到充分展现。两国利用了日益完善的通信和交通网络,将国民紧密团结。雨果既非军事英雄也非前任总统,他在国家意识中

---

[1] CV (Juin),第二卷,第 772 页。
[2] 《历代传说》,XLIX, xii, *Pse*,第六卷,第 266—267 页。

的地位更多是心理上而非制度上的。布里松及其部长们明智地决定把握这一机会,因为这将有助于巩固第三共和国的正当性,并在全国哀悼中统一民心。

5月31日周日,清晨,雨果的灵柩被移至凯旋门下的停灵台上,停灵台上刻有他姓名的首字母,凯旋门上半覆黑纱。灵柩周围鲜花环绕,供人瞻仰。尽管前一夜有雨,当晚仍然弥漫着庆祝的气氛。次日早晨,观众已经沿着预定的送葬路线排成一排。葬礼避开了城市的工人阶级区域:就在一周前,巴黎公社被暴力镇压的14周年纪念日刚刚过去,政府为了尽力避免在这样的重要场合发生骚乱而绕道而行。葬礼队伍计划沿香榭丽舍大街下行,穿过塞纳河,经过作为国家政治权力中心的波旁宫,然后沿圣日耳曼大道和圣米歇尔大道前往先贤祠。在葬礼开始前,国民议会议长夏尔·弗洛凯(Charles Floquet)站在灵床旁边的讲台上发表了讲话:"这不是一场葬礼,而是一场敬拜,我们赞扬那位永恒的使徒,他的话语将与我们同在。[1]"

演讲结束后,《马赛曲》(Marseillais)奏响,11点时,礼炮轰鸣,仪式开始。云开雾散。学校和商店关门,街头小贩售卖鲜花和纪念品;游行沿线的阳台开放出租,尽管许多观众因为价格过高而放弃,转而在树上和屋顶上找个

---

[1] 参见爱德华·布雷克(Edward Breck)在其翻译的阿尔弗雷德·巴尔布(Alfred Barbou),《维克多·雨果和他的时代》(Victor Hugo and His Times)中的附加章节,火奴鲁鲁,夏威夷,2001,第445—446页。

好位置观礼。由一个步兵团开路,遵照雨果的遗愿,他的灵柩开始了在贫民灵车上的旅程。葬礼队伍由雨果的家人、法兰西学术院成员、外交团和法国最高法院人员组成,后面跟随着来自法国及其海外领土和盟友的 300 多个代表团及 600 多个各式团体,从工会到艺术协会。据估计,仅花卉就花费了约 100 万法郎。大约 100000 名哀悼者在至少 200 万观众(相当于,甚至可能超过巴黎人口总数)的人群中穿行而过。

凯旋门半覆黑纱,雨果的灵柩停灵其下,摄于 1885 年 6 月 1 日。

仪式持续到傍晚,在先贤祠前进行了最后的告别。虽然弗里德里希·尼采(Friedrich Nietzsche)并非雨果的狂热粉丝，却形容雨果为"荒谬海洋上的灯塔"，他嘲讽这场葬礼为"一场名副其实结合了低俗品位和自我欣赏的狂欢"[1]，但这正是政府所希望的公众哀悼和民族团结的融合。类似的大型葬礼还包括 1988 年蒋经国（Chiang Ching-kuo）在台北的葬礼（超过 100 万悼念者参加），1997 年威尔士王妃戴安娜（Diana）在伦敦的葬礼（超过 100 万人在送葬路线上排队），以及 2005 年教皇若望·保禄二世（John Paul II）在罗马的葬礼（400 万人共同哀悼）。即便按照这些现代标准来看，这仍然是历史上最盛大的公共葬礼之一。

死亡是一扇门

尽管雨果并未亲自策划自己的葬礼，但这位浪漫主义巨匠依然为他生命的落幕创造了最令人难忘的对比。他或许已预见到《伦敦晚标准报》（*London Evening Standard*）6 月 2 日对葬礼的评价："这场游行，虽然名义上是为了纪念维克多·雨果，实则更像是新民主政权的一次展示或自我标榜。"他选择的贫民灵车在法国以往仅仅为皇室或帝国的

---

[1] 弗里德里希·尼采，《偶像的黄昏》（*Twilight of the Idols*），邓肯·拉奇（Duncan Large）译，牛津，1998，第 43 页；《善恶的彼岸》（*Beyond Good and Evil*），玛丽昂·费伯（Marion Faber）译，牛津，1998，第 254 节。

大人物们准备的盛大景象中显得格外突出。

雨果不同寻常的灵车选择，提醒着我们他能够如此传奇的原因。当贫民灵车穿越巴黎街头，仿佛是在满目华贵中遗世独立的清明，这一幕不仅是一位机会主义者的巧妙宣传，也是一位深思熟虑的艺术家坟墓之外的一次表态。1885 年的葬礼是伟大与谦卑的结合，挑战了雄壮与恭顺之间的天堑。正如雨果的哲学所揭示的，凡人世界与不朽境界尽管看似割裂，实则内在相通，他的葬礼同样表达了他的信念：一切生命与人类的共性是其恒久的浩气之源。

雨果出生在一个王权神授已被揭露为人为虚构、非上天旨意的世纪，他也置身于一个被法国大革命余波纷扰、历史不断重演的社会。因此，他毫不费力地将视线投向周遭世界的易变本质，视之为真实之所在。他审视——然后略过——表象，这让他在专注于现实的同时，也拓展了视野，触及遗嘱中所暗示的更远景象。通过这种视力与洞察力的结合，他探究事物表象之下，不仅绘制了自己所见世界的图景，还勾勒出宇宙的终极真理——在这一愿景中，宇宙及其万物，皆系于同一无穷、交织的创造过程。正如诗中所言："别说：死亡；要说：重生"，观赏着新晨破晓于墓地之上，在那光中，恐怖化为天使[1]。从这样的角度来看，死即生，生即死。

1《何为死亡》,《静观集》, VI, xxii, *Pse*, 第三卷, 第 388 页。

贫民灵车穿行于巴黎街头,运送雨果遗体前往先贤祠,摄于1885年6月1日。

雨果所揭示的,是一种超越历史动荡、更为永恒和深刻的真理,这为他作为现代先知的形象进一步增光添彩。在这个世界中,真正的力量并非臣服于祭坛和宫殿,也不依附于政党之中,更不以物质财富和军事力量来衡量。雨果察觉到的唯一真正的至高力量,是生命核心中那无穷的创造力:一种驱动自然和历史潮汐的万有能量。对他来说,这种变幻无常正是神秘神圣创造的标志:"这是一个无法欣然领受布道、教义或弥撒书的上帝[1]",因为这无法衡量的神圣力量超越了人类理性的界限。人类永远无法完全、全面地理解上帝,因此宗教领袖、哲学家和科学家在解释生命的谜团时总是局限于他们的理解范围。

---

[1] 《宗教与信仰》,I, iii, *Pse*,第九卷,第202页。

与此相反，雨果声称，自由且富有诗意的心灵能更深刻地与上帝的无尽能量产生共鸣，通过在破裂的瞬间寻找联系，并想象死亡这样的虚空中充满无限可能。他在描绘星光在夜空中闪烁时写道："尤其在夜晚，我们看到高空的太阳；尤其在流亡中，我们看到故乡；尤其在墓穴中，我们看到上帝。[1]"通过调整自己的感官，适应自然的循环和蜕变，雨果希望将人类的智慧和创造力与整个世界建立更紧密、更丰富的联系。他认为，若不能与生命的天然开放性和不确定性同步，未来必定因短视和偏见而夭折。

在扮演与更高真理沟通的先知角色过程中，雨果培养出了令人称道的道德责任感，这也是人们在他的葬礼上如此深情流露的主要原因。他知道，只有当读者能在他的文字中看到自己的日常经历时，他的浪漫主义情怀才有意义。尽管他努力窥探未知，同时也脚踏实地，确保回过头来关注周遭的世界："天才，给我看看你的脚，让我们看看，你是否和我们一样，脚跟沾着泥土。[2]"他不能忍受那些将艺术家仅视为履行社会职能的功利主义观念，也不能忍受"为艺术而艺术"的信条：前者将艺术家局限于这个世界，而后者则鼓励他们永久地逃离现实。在雨果看来，任何追求真理的艺术家都必须致力于让艺术和社会从僵化的结构和固定的观念中解放出来，尤其是要反对任何威胁创造自

---

1 《致朱尔·雅南》，1855年9月2日，*CRP*，第二卷，第221页。
2 《莎士比亚论》，*Phil*，第二卷，第176页。

主的不公和压迫。艺术和人作为进步的推动者的价值不容小觑。

米里哀主教［塞德里克·哈德威克（Cedric Hardwicke）饰］在1935年理查德·波列斯拉夫斯基（Richard Boleslawski）执导的电影《悲惨世界》（*Les Misérables*）中将他的银烛台赠予冉阿让［弗雷德里克·马奇（Fredric March）饰］。这部由查尔斯·劳顿（Charles Laughton）饰演沙威的好莱坞电影，在当年获奥斯卡奖最佳影片和最佳剪辑提名。

雨果通过大力提倡表达自由和自我实现，为其作品更添深远意义。他认为，将人生一刀切地割裂为泾渭分明的类别，无助于真正理解这个充满创造力的世界。无论在审美还是社会层面，分类和限制的边界都应视为通透、易变的分隔线，这种有机的视角才能成为促进成长的沃土，而非阻碍进步的障碍。他笔下最为人所知的文学英雄——前囚犯冉阿让和驼背的钟楼守卫卡西莫多——都体现了这种转变的力量：那些看似微不足道、被边缘化的人，实际上是构建一个更有意义的世界的核心；即使身体或道德上存在缺陷，他们也可以是光荣的。相反，这些英雄的对手——警察局长沙威和巴黎圣母院的总主教克洛德·弗罗洛——却暗示了即使看似纯洁守法的灵魂，也可能深陷邪恶与不仁："善中之恶[1]"。雨果的作品中，角色越是刻板，就越显扭曲和堕落；反之，越是柔韧多变，就越显正直。他通过这种方式，向读者揭示了当教条和狂热战胜开放和同情时可能引发的后果。因为"人类中没有绝对无误的存在[2]"，人类的道德价值并非以绝对主义的方式来衡量，而是在于如何在瞬息万变、必有所缺的生命中面对自己的缺憾。

在1885年的葬礼上，雨果既展现了谦逊之态，又不失国家英雄的庄重，这一行为再次验证了他偏好大胆举措的倾向，同时也强调了他与日常生活保持紧密联系的必要性。虽然他渴望能超脱凡俗，如同在奥林匹斯山或西奈山顶翱翔般高远，但他同时也担心这种高度既不可持续，又非真正值得追求。他害怕自己达不到这样的高度，但也乐于接受由此而来的重返尘世的机会。在辉煌与沉寂，神圣与人

---

[1] *Mis*，第243页。
[2] 同上，第146页。

艾丝美拉达［帕奇·鲁斯·米勒（Patsy Ruth Miller）饰］在电影《巴黎圣母院》（*The Hunchback of Notre-Dame*）中，为正在受鞭刑的卡西莫多［朗·钱尼（Lon Chaney）饰］喂水。该片由华莱士·沃斯利（Wallace Worsley）执导，上映于1923年。

性之间的摇摆，始终贯穿他的作品，是其主要戏剧张力之源。

成为纪念碑和商品的诗人

尽管雨果在逝世后仿佛获得了新生，但盛誉之下，维持这种张力并非易事。他的随从通过发行遗作和见证来营造他的传奇形象,雕塑家奥古斯特·罗丹(Auguste Rodin)为他立的纪念碑亦是如此。然而,这种名声既可能扭曲他生平和作品的真实面目,也可能揭示他的轮廓和深度。尽管在去世前他就已几乎被奉为神明,但死后的雨果却可能变成他曾劝告世人要警惕的那种遥远先知。被公众崇拜和赞美神圣化,又被诸如伟大和父权权威的陈词滥调牢牢钉住,他成为那种令人敬畏又只敢远观的国家纪念碑,而非近距离观察的对象。

在新兴的大众名人市场中,公众更关注的是雨果的形象而不是其精神实质,如此一来,客观审视雨果就更是难上加难。各种纪念品和商品上随处可见他的肖像。1902年,为纪念雨果100周年诞辰,相关活动进一步推广了雨果品牌,推出了各种日历、收藏币、糖果、墨水瓶、扑克牌、邮票、小雕像、餐具和烟盒等。在那年的其他庆典活动中,他在1830年代和1840年代居住过的瓦日广场的房子被改造成了一座新博物馆,而路易-欧内斯特·巴里亚斯(Louis-Ernest Barrias)制作的铜像也在维克多-雨果广场揭幕。不管法国人民是否喜欢他,尽管对他的崇拜("雨果崇拜")和反感("雨果恐惧症")愈发两极化,但他在法国历史上的重要性已成为不可否认的共识。因此,安德烈·纪德(André Gide)在同年将雨果评为19世纪法国最伟大的诗人时,发出了那句臭名昭著(尽管可能被误解)的"唉!"。

这种神化的结果是，在接下来的一个世纪及以后，雨果无处不在，无时不见，但更多是作为理念或偶像的形式出现。在 20 世纪 20 年代，越南的高台教将他奉为圣人。1985 年雨果逝世 100 周年和 2002 年诞辰 200 周年的法国纪念活动中，雨果的形象显得更加世俗，但同样充满神话色彩。这无与伦比的**伟人**的理想化形象，不可避免地淡化了他的写作和个性中的复杂性。

雨果在全球流行文化和政治文化中的影响之广，难以准确衡量。无论是法国内外的艺术家还是政治领袖，都能够通过他的作品发声，结合自己的创造力和愿景，对他的文字进行改编和借用。他的作品被改编成多种形式，从好莱坞电影、欧洲广播，到日本漫画和国际音乐剧及歌剧。雨果的作品吸引了无数制作人和表演者进行改编，从华特迪士尼工作室到奥森·威尔斯（Orson Welles），这一庞大且不断增长的改编者名单证明了雨果的吸引力广泛而普遍。同样，马丁·路德·金（Martin Luther King）、乌戈·查韦斯（Hugo Chávez）、曼莫汉·辛格（Manmohan Singh）等人都引用过他的社会理念。

在新千年迄今为止的三次法国总统选举中[1]，候选人均曾援引雨果之名，充分利用了他既是共和国最尖锐的评论家，又是其最骄傲的支持者这一双重身份的多面性。在

---

[1] 本书原版出版于 2019 年。（编注）

在鲍伯利（Boublil）和勋伯格（Schönberg）的获奖电影音乐剧《悲惨世界》［汤姆·胡珀（Tom Hooper）执导，2012］中，马吕斯［埃迪·雷德梅恩（Eddie Redmayne）饰］、安灼拉（Enjolras）［亚伦·特维特（Aaron Tveit）饰］和ABC朋友会准备起义。

2017年赢得选举之前，埃马纽埃尔·马克龙（Emmanuel Macron）将雨果选为自己的历史偶像，形容他为'当我们寻求超越自我，打造更有创造力和宽容的社会时的标杆'。马克龙正巧妙地运用雨果的潜在凝聚力来支撑自己的中间派立场，此举发生在两项全国民意调查确认雨果为法国最受欢迎作家的两年后[1]。

---

[1]《文学杂志》(*Le Magazine littéraire*)和《费加罗报》(*Le Figaro*)于2015年2月和3月进行的民意调查；马克龙的评论发表在《历史》(*Historia*)杂志的采访中，并于2017年3月21日由周刊《观察家》(*L'Obs*)报道（www.nouvelobs.com）。

这种无处不见雨果的现象清楚地表明，他已经实现了他所追求的身后名。然而，其广泛而深远的历史影响使我们难以聚焦于他本人实际所写所言。他那兼具人道主义精神和浓烈个性的复杂特质就让这一任务越发艰难，若不结合他自己力求的更为脚踏实地的观点，这种特质的组合就会失去其本来的意义。面对一位像雨果这样具有影响力和想象力的作家，我们很难不把他作为一位"伟人"来回顾和远观，但这样做可能导致的最好结果是赞叹，最坏结果是困惑甚至彻底的怀疑。雨果的名字在谷歌（Google）搜索结果中可能超过简·奥斯丁（Jane Austen）和马克·吐温（Mark Twain）的总和［远超其他 19 世纪法国作家，如巴尔扎克和儒勒·凡尔纳（Jules Verne）］[1]，但这种广泛的影响并不意味着能直接或清晰地理解他的作品和思想。

这并不是说应该视身后的雨果为理所当然，也不应草率地加以反驳。确实，有许多接纳他作品的方式值得探究，每一种都凸显他这样的作家如何在不同的时代、媒介和文化中被传播和翻译。例如，传记作家和评论家常常贬低对他作品的改编，视其为衍生模仿，而不是将它们视为不断创新的历史的一部分，这些改编实际上为他的声音增添了

---

[1] 2017 年 8 月，谷歌搜索引擎的结果（四舍五入至最接近的百万）：维克多·雨果（65）；简·奥斯丁（25）；马克·吐温（33）；巴尔扎克（14），儒勒·凡尔纳（15），埃米尔·左拉（Emile Zola）（1），《悲惨世界》（13——与简写 Les Miz 相关的数量差异可以忽略）。即使在雨果名字前添加"法国"作为限定词，可能排除了以他的名字命名的个人，但也可能排除了有效的链接，结果是 2400 万。

新的层次。雨果的身后影响奠定了他在当代文化中的地位，并增强了我们对作家作为文化符号地位的理解。然而，这种盛誉及其唤起的强烈情感，确实塑造出了一个越来越夸大的雨果形象，却反而使他真实的人性更难以捉摸。

2010年伦敦版《悲惨世界》的演员为其25周年纪念专辑录制的标语鼓动观众"敢于做梦"，但雨果却强调"梦想家必须比梦想本身更强大"，而非迷失于幻想之中[1]。对雨果而言，在动荡之中专注当下需要毅力。在讨论雨果时，不可能绕开他的盛名，因为这既是他努力追求的目标，也是他成功的事实。但是，记述他的故事也不应只关注于他的名声。在讲述他的故事时，我们既不应将他通过神话般的传说理想化，也不应对他进行诋毁。

---

[1]《梦之岬》(Promontorium Somnii)，*Phil*，第二卷，第310页。

结语

雨果去世后，默里斯主持了一系列的遗作出版，将他密友未发表的各种片段汇集在一起，仿佛雨果仍然在世。这些作品包括他未曾公开过的戏剧作品、日记、信件、哲学散文和旅行写作，以及《撒旦的终结》（1886）、《全琴集》（1888—1897）、《上帝》（1891）、《苦岁集》（*The Fateful Years*）（1898）和《拾穗集》（*The Last Gleaning*）（1902）等诗歌作品。这些似乎来自彼岸的声音更进一步强化了雨果及其"言与行"的不朽印象。

雨果对21世纪会有何见解？我们只能猜测。《悲惨世界》的捍卫者对于全球日益扩大的贫富差距，仍然悬而未决的性别歧视问题会作何反应？这位直言不讳、想象力丰富且性欲强烈的作家在社交媒体、数字技术和网络色情泛滥的时代又将如何表现？而那位在大自然中找寻宁静的诗人对于地球所面临的生态和环境问题又会有何感想？然而，期待他对这些问题提供明确答案，可能会让他的言论脱离原有语境。他或被视为永恒智慧的化身,或被看作过时且未开化的思想泥沼。然而,这两种定位都不具有流动性,无法完全符合他所设想的后世形象。

2016年1月10日,巴黎共和国广场,人们在一场悼念仪式上朗诵了雨果1870年9月5日的演讲。这场仪式是为了悼念2015年恐怖袭击中失去的147条生命。雨果,这位在祖国被围困期间归国的爱国义士,在演讲中呼吁人们团结起来:"凡是攻击巴黎的,便是攻击全人类……巴黎将取得胜利……熄灭所有仇恨,放下所有怨恨,团结起来。[1]"在共和国的价值观面临极端威胁的时刻,他的反抗精神与举国悲痛产生了共鸣。

次年,马提尼克的一名学生发起了一项请愿,要求直达法国教育部。她要求"法国教师了解并教授维克多·雨果的种族歧视[2]"。这项请愿提到了雨果1879年在一场废奴纪念活动上发表的关于非洲的演讲,其中他鼓励法国的殖民扩张。"在20世纪,欧洲将让非洲融入世界。"他宣称,"上帝将非洲赠予欧洲。拿去吧。在君主带来战争的地方,带来统一……不是以征服的名义,而是为了兄弟情

---

[1] 阿琳·勒克莱尔(Aline Leclerc),"共和国广场上布雷尔、雨果和哈利戴对恐怖袭击受害者的致敬"(Place de la République, Brel, Hugo et Hallyday en hommage aux victimes des attentats), www.lemonde.fr, 2016年1月10日。

[2] 参见雷诺·阿尔图(Renaud Artoux),"亚历山娜·奥齐耶-拉方丹:当青年探究自己的历史"(Alexane Ozier-Lafontaine: quand la jeunesse interroge son histoire), www.afrik.com, 2017年9月1日。

谊。"[1] 在"瓜分非洲"的前夕,他的演讲透露出欧洲国家,包括法国的"文明使命":启蒙世界上蒙昧的角落。

这些情况呈现了两种截然不同的雨果形象:一方面是超越分裂的共和国捍卫者,另一方面则是偏向白种欧洲人的倡导者。在这两种情况下,有关**伟人**形象的陈词滥调无法容纳雨果更为错综复杂的人性深度。这两个例子涉及的文化和种族问题,需要我们进行更为深刻和细致的思考,而非简单参考他众多锃光瓦亮、棱角分明的纪念碑所呈现的表面形象。为了摆脱刻板印象的桎梏,避免机械地模仿或删减他的言论,我们虽然不必完整阅读雨果的所有作品,但仍需要对他的个性及信仰有更直观的理解。他在流亡期间曾表示,要想真正理解他,必须阅读他的全部作品。这种说法主要反映了他的不安,而非真实的期望,尤其是考虑到他作品中特殊与普遍之间的交替[2]。虽说我们多少可以由局部窥见整体,但局部必须包含足够的线索。他是一个既谴责过巴黎公社又谴责过凡尔赛军的作家,也是一个反对奴隶制和国家侵略行为的和平主义者,对这样一个人来说,无论是共和国雄狮,还是潜在种族主义者的形象,都不过是管中窥豹罢了。

---

[1] 《关于非洲的演说》(Discours sur l'Afrique),1879 年 5 月 18 日,*AP*,第三卷,第 330 页。
[2] 雨果在 1859 年将自己的作品称为"不可分割的整体";让-马克·霍瓦斯,《维克多·雨果:流亡期间 1851—1864》(*Victor Hugo, pendant l'exil 1851 - 64*),巴黎,2008,第 573 页。

雨果对于**文明使命**（mission civilisatrice）的尴尬态度既不应被歪曲，也不应被忽视。《布格-雅加尔》的作者显然不认同肤色预先决定了任何人的生理或智力优越性。亲近感超越了基因："若苍白的脸庞和黝黑的脸庞都被同一道兄弟情谊的曙光照亮，肤色不同又有何妨？[1]"尽管持有这种人道主义立场，他仍未能解决共和主义意识形态中普遍性与差异性之间的内在冲突。他视后革命法国为救世主，有责任利用先进的科学进步和悠久的思想历史作为工具，构建一个更公平、更繁荣的世界。这是他最天真乐观的观点之一，自以为是地颂扬西方现代的经济和社会文化，同时幻想殖民可以是一个非暴力和仁慈的过程。这种观点同样根植于对非洲深厚而广泛的土著历史文化的无知。19世纪的欧洲继承了文艺复兴时期的人文主义，构建了一种黑格尔式（Hegelian）的观念，将非洲视为野蛮原始、需要启蒙的"黑暗大陆"。

或许，和许多同时代人一样，雨果对前殖民时期的非洲一无所知，但他对自己所在的大陆及其展露的人性却知之甚深。他的广泛理想主义并不能平息他对欧洲未能达到其自身文明标准的绝望，无论是在国内还是国外。他的理想是消除世界上各种形式的压迫——不论是来自王子、神职人员，还是独裁者或教条式迷信——并创造出每一代人

---

[1]《致奥克塔夫·吉劳夫人》（To Madame Octave Giraud），1867年1月20日，*CRP*，第三卷，第3页。

都能享有自由思想教育和机会平等的参与式民主。在他看来，这是一个远离欧洲政治领袖思想的理论，对于他们来说，通过军事暴力进行社会经济剥削，胜过共享和平繁荣。他在演讲前 10 年曾道："法国之于非洲，犹如英国之于亚洲，一个糟糕的导师。[1]"

殖民主义揭示了雨果对 1789 年共和理想的矛盾感受。他将**文明使命**视为天职并全心投入，却又憎恶苦难，浪漫怀旧地向往着自然和谐，因此倍感挫败。这种张力在他去世后出版的卷册中，尤其是对殖民主义最直接的批评中十分明显。生前，为了共和运动的团结，他并未直接公开批评，但他的深刻质疑在众多出版作品中依然难以掩饰[2]。例如在《惩罚集》中，他批判殖民使法国军队变得冷酷无情，这种野蛮可能反噬法国人民。正如他对殖民主义现实深感失望，他的遗作更明显地揭示了法国对海外领土的压迫与国内社会压迫之间的相似性。在一首诗中，当他从安第斯山脉俯瞰喜马拉雅山时，对欧洲同胞的自私自利表示嘲讽："你们自以为为世界带来文明之光/却不过是用污秽

---

[1] 《致莱昂·于戈内》（To Léon Hugonnet），1869 年 8 月 24 日，*CRP*，第三卷，第 216 页。
[2] 弗朗克·洛朗（Franck Laurent），《维克多·雨果面对阿尔及利亚的征服》（*Victor Hugo face à la conquête de l'Algérie*），巴黎，2001 详细讨论了雨果与殖民主义的微妙关系。同样，珍妮弗·伊（Jennifer Yee），《十九世纪法国小说中的异域颠覆》（*Exotic Subversions in Nineteenth-century French Fiction*），牛津，2008 讨论了法国作家如何抨击帝国主义的至高无上，包括雨果在《布格-雅加尔》中的言论。

病毒将它感染",对黄金和战争的贪婪毒害了伊甸园般的土地[1]。这是对他所理解的进步的嘲弄。

作为法国"伟大"的(白人)男性之一,雨果可能总是同时受到崇拜和诋毁,但这种绝对主义忽视了他思想的不安定性及其深远的影响。2017年的请愿并非学生们首次针对法国教育系统对他的崇敬表示不满。这一事件激发的讨论仍然十分紧要,即不应片面颂扬像雨果这样的历史人物[2]。通过对他的生活和作品进行更客观而非神话化的研究,我们能够在既不夸大也不贬低他一生成就的基础上,深入品读他的作品。小说家居斯塔夫·福楼拜(Gustave Flaubert)在1872年首次见到雨果后写道,他"并非什么伟人,也绝非自命不凡之辈",或许最能概括通过这种方法可能得出的结论[3]。

本传记的观点是,雨果本人无法给我们任何毫无保留或明确无疑的答案。他思想中的不安定和模糊性不应被轻视,因为它们直指冉阿让必须忍受的"心灵风暴",而这也恰恰是雨果眼中生而为人的核心要素。

---

1 《你所谓的……》(Ce que vous appelez . . .),《全琴集》,III, xii, *Pse*,第十二卷,第189页。
2 参见我的文章"'夏多布里昂或一事无成,雨果与一切成就':思考诗人的后世"("Chateaubriand ou rien, Hugo et tout": Contemplating the Poet's Posterity),载《十九世纪》(*Dix-neuf*), XX, 3—4期, 2016,第229—240页;玛丽-埃莱娜·莱奥坦(Marie-Hélène Léotin),"关于维克多·雨果"(A propos de Victor Hugo), www. martinique. franceantilles. fr, 2017年5月31日。
3 引自彼得·布鲁克斯(Peter Brooks),《福楼拜在巴黎的废墟》(*Flaubert in the Ruins of Paris*),纽约,2017,第63页。

缩写说明

引用雨果如此**作品集**的过程可能很复杂,但我的首要任务是尽可能帮助读者自行探索这海量的文献。

在我亲自将雨果的作品翻译成英文时,参考文献主要来自奥伦多夫和阿尔班·米歇尔出版的 45 卷《完整作品集》。这个版本可以在法国国家图书馆的数字图书馆 Gallica (https://gallica.bnf.fr) 和法语维基百科的"雨果"页面 (https://fr.wikisource.org/wiki/Auteur: Victor_Hugo) 上访问。

以下是用于指示奥伦多夫/阿尔班·米歇尔卷集中相关来源的法文标题和缩写:

AP Actes et paroles (Deeds and Words):《言与行》,3 卷

CRP Correspondance (Correspondence):《通信》,4 卷

CV Choses vues (Things Seen):《所见之物》,2 卷

Hst Histoire (History):《历史》,2 卷

OB Odes et ballades (Odes and Ballads):《颂歌与民谣》,1 集

Phil Philosophie (Philosophy):《哲学》,2 卷

Pse Poésie (Poetry):《诗歌》,15 卷

Rom　Roman（Novels）：《小说》，9 卷
Tht　Théâtre（Theatre）：《剧场》，6 卷

取自其他来源的参考资料如下：

CV（Juin）	《所见之物》（*Choses vues*） 一部更全面的《所见之物》，于贝尔·朱安（Hubert Juin）编，2 卷，巴黎，1972
JD	《朱丽叶·德鲁埃致维克多·雨果的信》（*Letters from Juliette Drouet to Victor Hugo*） 这些信件可以在不断扩充的档案中查阅，网址为 www.juliettedrouet.org，弗洛伦斯·诺格雷特编；由于这些信件可以通过搜索引擎访问，因此未包含页码。
OC（Laffont）	《完整作品集》 雨果完整作品的最新（且重新编排的）十八卷罗贝尔·拉丰（Robert Laffont）版，特别提及第十一卷《历史》（*Histoire*），第十三卷《旅行》（*Voyages*）和第十五卷《海洋》（*Océan*）。

其中，已有的维克多·雨果小说和诗歌的英文翻译参考使用以下缩写指代：

BJ 《布格-雅加尔》,克里斯·邦吉(Chris Bongie)译,安大略,彼得伯勒,2004

EVH 《维克多·雨果精选》(*The Essential Victor Hugo*),E. H. 布莱克摩尔(E. H. Blackmore),A. M. 布莱克摩尔(A. M. Blackmore)译,牛津,2004

Mis 《悲惨世界》,朱莉·罗斯(Julie Rose)译,伦敦,2008

NDP 《巴黎圣母院》,约翰·斯特罗克(John Sturrock)译,伦敦,2004

SP 《维克多·雨果选诗:双语版》(*Selected Poems of Victor Hugo: a Bilingual Edition*),E. H. 布莱克摩尔,A. M. 布莱克摩尔译,芝加哥,2001

TS 《海上劳工》,詹姆斯·霍加斯(James Hogarth)译,纽约,2002

对于 EVH 和 SP,我还在相关的注释中加入了诗歌所取自的诗集名称(如果这在正文中不明显的话)和/或其序号。这些补充信息将更方便您在其他版本中找到这些诗歌。

精选参考文献

雨果的法文著作

雨果全集主要有以下三个系列:

Œuvres complètes (éditions Ollendorff et Albin Michel; Imprimerie nationale), ed. Paul Meurice (1904-5), Gustave Simon (1905-28) and Cécile Daubray (1933-52), 45 vols (Paris, 1902-52)

Œuvres complètes (édition chronologique Club français du Livre), ed. Jean Massin, 18 vols (Paris, 1967-70)

Œuvres complètes (éditions Robert Laffont), ed. Jacques Seebacher and Guy Rosa, 18 vols (Paris, 1985-2002)

雨果的许多作品也可通过加利玛出版社 (Gallimard) 的经典对开本 (Folio Classique) 和七星 (Pléiade) 系列获得。

雨果英译作品选

Bug-Jargal [1826], trans. Chris Bongie (Peterborough, on, 2004)

Cromwell [1826-7], trans. George Burnham Ives, ebook (Boston, ma, 1909)

Drawings by Victor Hugo, ed. Pierre Georgel (London, 1974)

The Essential Victor Hugo, trans. E. H. and A. M. Blackmore (Oxford, 2004)

Hans of Iceland [1823], trans. George Burnham Ives, ebook (Boston, ma, 1894)

The Last Day of a Condemned Man: and Other Prison Writings, trans. Geoff Woollen (Oxford, 1992)

The Man Who Laughs [1869], trans. Isabel F. Hapgood, ebook (New York, 1888)

Les Misérables [1862], trans. Julie Rose (London, 2008)

Napoleon the Little [1852], trans. George Burnham Ives, ebook (Boston, ma, 1909)

Ninety-three [1874], trans. Lowell Bair (New York, 1962)

Notre-Dame de Paris [1831], trans. John Sturrock (London, 2004)

The Rhine [1842], trans. David Mitchell Aird, ebook (London, 1843)

Selected Poems of Victor Hugo: A Bilingual Edition, trans. E. H. and A. M. Blackmore (Chicago, il, 2001)

The Toilers of the Sea [1866], trans. James Hogarth (New York, 2002)

Victor Hugo-Four Plays: Marion de Lorme, *Hernani*, *Lucrezia Borgia*, *Ruy Blas*, ed. Claude Schumacher, trans. John Golder, Richard J. Hand and William D. Howarth (London, 2004)

Victor Hugo: Selected Poetry, trans. Steven Monte (New York, 2002)

William Shakespeare [1864], trans. Melville B. Anderson, ebook (London, 1910)

雨果大量的绘画和装饰品，以及照片、纪念品、插图、肖像和手稿，在维克多·雨果之家的收藏网站（www.maisonsvictorhugo.paris.fr）上均有英文展示。这些收藏由位于巴黎沃日广场的住宅和根西岛的高地之屋的两座雨果博物馆持有。雨果的绘画作品也可以在法国国家图书馆邀请的在线展览（http://expositions.bnf.fr/hugo）上查看。

关于雨果的传记作品

Barbou, Alfred, *Victor Hugo and His Times*, trans. Edward Breck (Honolulu, hi, 2001)

Davidson, A. F., *Victor Hugo: His Life and Work* (London, 1912)

Decaux, Alain, *Victor Hugo* (Paris, 1984)

Fillipetti, Sandrine, *Victor Hugo* (Paris, 2011)

Gallo, Max, *Victor Hugo*, 2 vols (Paris, 2001)

Grant, Elliott M., *The Career of Victor Hugo* (Cambridge, ma, 1945)

Grossiord, Sophie, *Victor Hugo: 'Et s'il n'en reste qu'un ...'* (Paris, 1998)

Hovasse, Jean-Marc, *Victor Hugo, avant l'exil 1802–51* (Paris, 2001)

—, *Victor Hugo, pendant l'exil 1851–64* (Paris, 2008)

Hugo, Adèle, *Victor Hugo raconté par un témoin de sa vie* (Brussels, 1863)

Hugo, Georges, *Mon Grand-père* (Paris, 1902)

Juin, Hubert, *Victor Hugo*, 3 vols (Paris, 1980–86)

Maurois, André, *Olympio, ou la vie de Victor Hugo* (Paris, 1954)

Richardson, Joanna, *Victor Hugo* (London, 1976)

Robb, Graham, *Victor Hugo* (London, 1997)

Stein, Marieke, *Victor Hugo* (Paris, 2007)

关于雨果作品的研究

Albouy, Pierre, *La Création mythologique chez Victor Hugo* (Paris, 1963)

Audinet, Gérard, and Vincent Gille, eds, *Éros Hugo: entre pudeur et excès*, exh. cat., Maison de Victor Hugo (Paris, 2015)

Barnett, Marva, *Victor Hugo on Things that Matter* (New Haven, ct, 2009)

Barrère, Jean-Bertrand, *Victor Hugo à l'œuvre: le poète en exil et en voyage* (Paris, 1970)

Baudouin, Charles, *Psychanalyse de Victor Hugo* [1943], ed. Pierre Albouy (Paris, 1972)

Bellos, David, *The Novel of the Century: The Extraordinary Adventure of Les Misérables* (London, 2017)

Brombert, Victor, *Victor Hugo and the Visionary Novel* (Cambridge, ma, 1985)

Chambers, John, *Victor Hugo's Conversations with the Spirit World*

(New York, 2008)

Charles, David, *La Pensée technique dans l'œuvre de Victor Hugo: le bricolage de l'infini* (Paris, 1997)

Cox, Fiona, ' Les Misérables: The Shadowlands of Epic ', in *Haunting Presences*, ed. Kate Griffiths and David Evans (Cardiff, 2009), pp. 75 - 88

Decker, Michel de, *Hugo: Victor, pour ces dames* (Paris, 2002)

Frey, John Andrew, *A Victor Hugo Encyclopaedia* (Westport, ct, 1999)

Garval, Michael D. , ' Victor Hugo: The Writer as Monument', in *A Dream of Stone: Fame, Vision, and Monumentality in Nineteenth-century French Literary Culture* (Newark, nj, 2004), pp. 158 - 206

Gaudon, Jean, ed. , *Victor Hugo: Lettres à Juliette Drouet* (Paris, 1964)

—, *Le Temps de la contemplation: l'œuvre poétique de Victor Hugo des 'Misères' au 'Seuil du gouffre', 1845 -56* (Paris, 1969)

Gémie, Sharif, ' The Republic, the People, and the Writer: Victor Hugo's Political and Social Writing ', *French History*, xiv/3 (2000), pp. 272 - 94

Georgel, Pierre, *La Gloire de Victor Hugo* (Paris, 1985)

—, Delphine Gleizes, Stéphane Guégan and Ségolène le Man, eds, *L'Œil de Victor Hugo* (Paris, 2004)

Gleizes, Delphine, ed. , *L'Œuvre de Victor Hugo à l'écran: des rayons et des ombres* (Québec, City, 2005)

Grant, Richard B. , *The Perilous Quest: Image, Myth, and Prophecy in the Narratives of Victor Hugo* (Durham, nc, 1968)

Grossman, Kathryn M. , *The Early Novels of Victor Hugo: Towards a Poetics of Harmony* (Geneva, 1985)

—, *Figuring Transcendence in 'Les Misérables': Hugo's Romantic Sublime* (Carbondale, il, 1994)

—, *'Les Misérables': Conversion, Revolution, Redemption* (New York, 1996)

—, *The Later Novels of Victor Hugo: Variations on the Politics and*

Poetics of Transcendence (Oxford, 2012)

—, and Bradley Stephens, eds, *Les Misérables and its Afterlives: Between Page, Stage, and Screen* (London, 2015)

Guerlac, Suzanne, *The Impersonal Sublime: Hugo, Baudelaire, Lautréamont* (Stanford, ca, 1990)

Guillemin, Henri, *Hugo et la sexualité* (Paris, 1954)

Halsall, Albert W., *Victor Hugo and the Romantic Drama* (Toronto, 1998)

Hiddleston, J. A., ed., *Victor Hugo, romancier de l'abîme* (Oxford, 2002)

Hugo, Marie, Laura and Jean-Baptiste, *Hauteville House: Victor Hugo, décorateur* (Paris, 2016)

Ireson, J. C., *Victor Hugo: A Companion to his Poetry* (Oxford, 1997)

Laster, Arnaud, *Pleins feux sur Victor Hugo* (Paris, 1981)

Laurent, Franck, *Victor Hugo face à la conquête de l'Algérie* (Paris, 2001)

Léotin, Marie-Hélène, 'A propos de Victor Hugo', www.martinique.franceantilles.fr, 31 May 2017

Makki, Laura El and Guillaume Gallienne, *Un Été avec Victor Hugo* (Paris, 2016)

Maurel, Jean, *Victor Hugo philosophe* (Paris, 1985)

Mehlman, Jeffrey, *Revolution and Repetition: Marx, Hugo, Balzac* (Berkeley, ca, 1977)

Meschonnic, Henri, *Pour la poétique iv: Écrire Hugo* (Paris, 1977)

Morisi, Ève, 'Putting Pain to Paper: Victor Hugo's New Abolitionist Poetics', in *Death Sentences: Literature and State Killing*, ed. Birte Christ and Ève Morisi (Oxford, 2019)

Naugrette, Florence, *Le Théâtre de Victor Hugo* (Lausanne, 2016)

Ousselin, Edward, 'Victor Hugo's European Utopia', *Nineteenth-century French Studies*, xxxiv/1 (2005), pp. 32–43

Pena-Ruiz, Henri and Jean-Paul Scot, *Un Poète en politique: les combats de Victor Hugo* (Paris, 2002)

Petrey, Sandy, *History in the Text: 'Quatrevingt-treize' and the*

French Revolution (West Lafayette, in, 1981)

Piroué, Georges, *Victor Hugo romancier, ou les dessus de l'inconnu* (Paris, 1964)

Porter, Laurence M., *Victor Hugo* (Boston, ma, 1999)

Prévost, Marie-Laure, *Le Cahier 'Victor Hugo, l'homme océan'* (Paris, 2002)

Raser, Timothy, *The Simplest of Signs: Victor Hugo and the Language of Images in France, 1850 – 1950* (Newark, nj, 2004)

Roche, Isabel, *Character and Meaning in the Novels of Victor Hugo* (West Lafayette, in, 2007)

Roman, Myriam, *Victor Hugo et le roman philosophique* (Paris, 1999)

Rosa, Guy and Anne Ubersfeld, eds, *Lire 'Les Misérables'* (Paris, 1985)

Savy, Nicole, 'Victus, sed Victor (1852 – 1862)', in *En collaboration avec le soleil: Victor Hugo, photographies de l'exil*, ed. Françoise Heilbrun and Danielle Molinari (Paris, 1999), pp. 16 – 39

—, *Le Paris de Hugo* (Paris, 2016)

Stein, Marieke, *Victor Hugo, orateur politique* (Paris, 2007)

Stephens, Bradley, '*Baisez-moi, belle Juju!* Victor Hugo and the Joy of his Juliette', in *'Joie de vivre' in French Literature and Culture*, ed. Susan Harrow and Timothy Unwin (Amsterdam, 2009), pp. 211 – 24

—, *Victor Hugo, Jean-Paul Sartre, and the Liability of Liberty* (Oxford, 2011)

—, '"Chateaubriand ou rien, Hugo et tout": Contemplating the Poet's Posterity', *Dix-neuf*, xx/3 – 4(2016), pp. 229 – 40

—, 'The Novel and the [Il] Legibility of History: Victor Hugo, Honoré de Balzac, and Alexandre Dumas', in *The Oxford Handbook to European Romanticism*, ed. Paul Hamilton (Oxford, 2016), pp. 88 – 104

Vacquerie, Auguste, *Profils et grimaces* (Paris, 1856)

Yee, Jennifer, 'Victor Hugo and the Other as Divided Self in *Bug-Jargal*', in J. Yee, *Exotic Subversions in Nineteenth-century French Fiction* (Oxford, 2008), pp. 45–62

Zarifopol-Johnston, Illinca, *To Kill a Text: The Dialogic Fiction of Hugo, Dickens, and Zola* (Newark, nj, 1995)

巴黎雨果研究小组（Groupe Hugo）的网站提供了最新的出版物、会议、活动和展览资源（http://groupugo.div.jussieu.fr/Default.htm）。

致谢

我首先要向我的编辑,瑞阿克森出版社(Reaktion)的维维安·康斯坦丁诺普洛斯(Vivian Constantinopoulos)表示感谢。她不仅邀请我撰写这本传记,而且在整个创作过程中提供了无价的支持和指导。在将手稿转换为印刷品的过程中,瑞阿克森的执行编辑艾梅·塞尔比(Aimee Selby)在参考文献的安排上给予了极大的帮助,这对我们来说非常重要。此外,马特·米尔顿(Matt Milton)和菲比·科利(Phoebe Colley)等编辑团队的其他成员也对文本进行了精心的润色。

在撰写的过程中,我有幸能够与一批受雨果启发的同事一同讨论这本书中的内容。他们包括阿诺·拉斯特(Arnaud Laster)、丹妮尔·加西利亚-拉斯特(Danièle Gasiglia-Laster)和维克多·雨果之友协会(Société des Amis de Victor Hugo);巴黎维克多·雨果之家图书馆的玛丽-洛拉·马尔科(Marie-Laure Marco)和米歇尔·贝托(Michèle Berteaux),以及馆长热拉尔·奥迪内(Gérard Audinet),他在为本书识别和获取众多图片方面提供了极大的帮助;包括让-马克·霍瓦斯、克劳德·米莱(Claude Millet)和佛罗伦斯·诺格雷特在内的雨果研究小组

(Groupe Hugo)成员；以及根西岛维克多·雨果协会，特别是罗伊·比森（Roy Bisson）和黛娜·博特（Dinah Bott），根西艺术委员会，还有奥迪尔·布兰切特（Odile Blanchette）和她在高地之屋的整个团队，在2017年和2018年的研究旅程中，他们极为热情地接待了我。

我特别感激凯瑟琳·格罗斯曼（Kathryn Grossman）对早期草稿的深刻反馈，以及这些年来我们围绕雨果进行的众多讨论。在这两方面，她的贡献都是无价的。

与法国研究领域的学者进行的对话也极大地帮助我将雨果置于恰当的学术语境中，包括法国研究学会（sfs）、十九世纪学者协会（sdn）和十九世纪法国研究协会（ncfs）的成员，他们在各自团体的年度国际会议上提供了宝贵的见解。

布里斯托大学艺术学院在2017—2018年慷慨地给予了我额外的一个学期的研究假期，让我能够完成这个项目，并为与雨果相关的进一步研究奠定了基础。同样不可或缺的是我在布里斯托的学生们，他们对雨果作品的敏感解读，以及对法国文学和文化的广泛理解，不断拓宽我的眼界。

在写作过程中，许多朋友和家人对我的雨果研究表现出了极大的理解和支持。特别感谢安德里亚和P.J.比格顿（Andrea and P. J. Beaghton）的热情和慷慨，以及安东尼·特罗曼斯（Anthony Tromans）一如既往的鼓励和极大的耐心。这本书献给我们的侄子、侄女和教子们。

图片致谢

作者及出版方特此对提供插图素材及/或授权复制的以下来源表示衷心感谢。

The Artchives/Alamy Stock Photo: p. 111; © Bibliothèque nationale de France: pp. 125, 139, 150; © Maisons de Victor Hugo: pp. 56, 62, 73, 86, 90, 180; © Maisons de Victor Hugo/age fotostock/Alamy Stock Photo: p. 126; © Maisons de Victor Hugo/Heritage Image Partnership Ltd/Alamy Stock Photo: pp. 10, 16, 130; © Maisons de Victor Hugo/Photo 12/Alamy Stock Photo: p. 129; © Maisons de Victor Hugo/Roger-Viollet: pp. 38, 39, 83, 116, 127, 128, 131, 132; Photo 12/Alamy Stock Photo: p. 115; © Priaulx Library, Guernsey: pp. 124, 144, 153, 176; photo by Bradley Stephens: p. 123; wenn uk/Alamy Stock Photo: p. 193.

* 以上图片页码均为原版书页码

著译者

作者｜布拉德利·斯蒂芬斯 BRADLEY STEPHENS

布里斯托大学法语系教授，研究方向为19世纪至当代的法国文学，著有《雨果、萨特与自由的义务》，编有《悲惨世界及其来世：在书页、舞台和屏幕之间》等。

译者｜王琳淳

译有《食物语言学》《记号》等，部分译著为国家重点出版物规划项目和国家出版基金项目。

图书在版编目（CIP）数据

雨果胶囊传 /（英）布拉德利·斯蒂芬斯著；王琳淳译. -- 上海：上海文艺出版社，2025. --（知人系列）. -- ISBN 978-7-5321-9226-7

Ⅰ. K835.655.6

中国国家版本馆CIP数据核字第2025CD2155号

Victor Hugo by Bradley Stephens was first published by Reaktion Books, London, UK, 2019, in the Critical Lives Series.

Copyright © Bradley Stephens, 2019

著作权合同登记图字：09-2020-072号

责任编辑：曹　晴
封面设计：朱云雁

书	名：	雨果胶囊传
作	者：	[英] 布拉德利·斯蒂芬斯
译	者：	王琳淳
出	版：	上海世纪出版集团　上海文艺出版社
地	址：	上海市闵行区号景路159弄A座2楼 201101
发	行：	上海文艺出版社发行中心
		上海市闵行区号景路159弄A座2楼206室 201101 www.ewen.co
印	刷：	浙江中恒世纪印务有限公司
开	本：	787×1092　1/32
印	张：	8.5
插	页：	3
字	数：	136,000
印	次：	2025年7月第1版　2025年7月第1次印刷
I S B N：		978-7-5321-9226-7/K.498
定	价：	59.00元

告　读　者：如发现本书有质量问题请与印刷厂质量科联系　T：0571-88855633

I 知人
cons

知人系列

爱伦·坡：有一种发烧叫活着
塞林格：艺术家逃跑了
梵高：一种力量在沸腾
卢西安·弗洛伊德：眼睛张大点
阿尔弗雷德·希区柯克：他知道得太多了
大卫·林奇：他来自异世界
汉娜·阿伦特：活在黑暗时代

弗吉尼亚·伍尔夫
伊夫·克莱因
伦纳德·伯恩斯坦
兰波
塞缪尔·贝克特
约瑟夫·博伊斯
贝托尔特·布莱希特
德里克·贾曼
康斯坦丁·布朗库西

香奈儿胶囊传
托马斯-曼胶囊传
斯特拉文斯基胶囊传
雨果胶囊传

（即将推出）

麦尔维尔胶囊传
三岛由纪夫胶囊传
爱森斯坦胶囊传
马拉美胶囊传
欧姬芙胶囊传
克尔凯郭尔胶囊传
聂鲁达胶囊传